BÚLGARO
V O C A B U L Á R I O

PALAVRAS MAIS ÚTEIS

PORTUGUÊS
BÚLGARO

Para alargar o seu léxico e apurar
as suas competências linguísticas

7000 palavras

Vocabulário Português-Búlgaro - 7000 palavras

Por Andrey Taranov

Os vocabulários da T&P Books destinam-se a ajudar a aprender, a memorizar, e a rever palavras estrangeiras. O dicionário é dividido em temas, cobrindo todas as principais esferas de atividades quotidianas, negócios, ciência, cultura, etc.

O processo de aprendizagem, utilizando os dicionários baseados em temáticas da T&P Books dá-lhe as seguintes vantagens:

• Informação de origem corretamente agrupada predetermina o sucesso em fases subsequentes da memorização de palavras
• Disponibilização de palavras derivadas da mesma raiz, o que permite a memorização de unidades de texto (em vez de palavras separadas)
• Pequenas unidades de palavras facilitam o processo de estabelecimento de vínculos associativos necessários para a consolidação do vocabulário
• O nível de conhecimento da língua pode ser estimado pelo número de palavras aprendidas

Copyright © 2019 T&P Books Publishing

T&P Books Publishing
www.tpbooks.com

ISBN: 978-1-78400-879-6

Este livro também está disponível em formato E-book.
Por favor visite www.tpbooks.com ou as principais livrarias on-line.

VOCABULÁRIO BÚLGARO
palavras mais úteis

Os vocabulários da T&P Books destinam-se a ajudar a aprender, a memorizar, e a rever palavras estrangeiras. O vocabulário contém mais de 7000 palavras de uso comum organizadas tematicamente.

O vocabulário contém as palavras mais comummente usadas
Recomendado como adicional para qualquer curso de línguas
Satisfaz as necessidades dos iniciados e dos alunos avançados de línguas estrangeiras
Conveniente para o uso diário, sessões de revisão e atividades de auto-teste
Permite avaliar o seu vocabulário

Características especias do vocabulário

*   As palavras estão organizadas de acordo com o seu significado, e não por ordem alfabética
*   As palavras são apresentadas em três colunas para facilitar os processos de revisão e auto-teste
*   As palavras compostas são divididas em pequenos blocos para facilitar o processo de aprendizagem
*   O vocabulário oferece uma transcrição simples e adequada de cada palavra estrangeira

O vocabulário contém 198 tópicos incluindo:

Conceitos básicos, Números, Cores, Meses, Estações do ano, Unidades de medida, Roupas & Acessórios, Alimentos & Nutrição, Restaurante, Membros da Família, Parentes, Caráter, Sentimentos, Emoções, Doenças, Cidade, Passeios, Compras, Dinheiro, Casa, Lar, Escritório, Trabalho no Escritório, Importação & Exportação, Marketing, Pesquisa de Emprego, Desportos, Educação, Computador, Internet, Ferramentas, Natureza, Países, Nacionalidades e muito mais …

TABELA DE CONTEÚDOS

GUIA DE PRONUNCIAÇÃO

Alfabeto fonético T&P	Exemplo Búlgaro	Exemplo Português
[a]	сладък [sládək]	chamar
[e]	череша [ʧeréʃa]	metal
[i]	килим [kilím]	sinónimo
[o]	отломка [otlómka]	lobo
[u]	улуча [ulúʧa]	bonita
[ə]	въже [vəʒé]	O xevá, som vocálico neutro
[ja], [ʲa]	вечеря [veʧérʲa]	Himalaias
[ʲu]	ключ [klʲuʧ]	nacional
[ʲo]	фризьор [frizʲór]	ioga
[ja], [ʲa]	история [istórija]	Himalaias
[b]	събота [sébota]	barril
[d]	пладне [pládne]	dentista
[f]	парфюм [parfúm]	safári
[g]	гараж [garáʒ]	gosto
[ʒ]	мрежа [mréʒa]	talvez
[j]	двубой [dvubój]	géiser
[h]	храбър [hrábər]	[h] aspirada
[k]	колело [koleló]	kiwi
[l]	паралел [paralél]	libra
[m]	мяукам [mʲaúkam]	magnólia
[n]	фонтан [fontán]	natureza
[p]	пушек [púʃek]	presente
[r]	крепост [krépost]	riscar
[s]	каса [kása]	sanita
[t]	тютюн [tʲutʲún]	tulipa
[v]	завивам [zavívam]	fava
[ts]	църква [tsérkva]	tsé-tsé
[ʃ]	шапка [ʃápka]	mês
[ʧ]	чорапи [ʧorápi]	Tchau!
[w]	уиски [wíski]	página web
[z]	зарзават [zarzavát]	sésamo

ABREVIATURAS
usadas no vocabulário

Abreviaturas do Português

adj	-	adjetivo
adv	-	advérbio
anim.	-	animado
conj.	-	conjunção
desp.	-	desporto
etc.	-	etecetra
ex.	-	por exemplo
f	-	nome feminino
f pl	-	feminino plural
fem.	-	feminino
inanim.	-	inanimado
m	-	nome masculino
m pl	-	masculino plural
m, f	-	masculino, feminino
masc.	-	masculino
mat.	-	matemática
mil.	-	militar
pl	-	plural
prep.	-	preposição
pron.	-	pronome
sb.	-	sobre
sing.	-	singular
v aux	-	verbo auxiliar
vi	-	verbo intransitivo
vi, vt	-	verbo intransitivo, transitivo
vr	-	verbo reflexivo
vt	-	verbo transitivo

Abreviaturas do Búlgaro

ж	-	nome feminino
ж мн	-	feminino plural
м	-	nome masculino
м мн	-	masculino plural
м, ж	-	masculino, feminino
мн	-	plural
с	-	neutro
с мн	-	neutro plural

CONCEITOS BÁSICOS

Conceitos básicos. Parte 1

1. Pronomes

eu	аз	[az]
tu	ти	[ti]
ele	той	[toj]
ela	тя	[tʲa]
ele, ela (neutro)	то	[to]
nós	ние	[níe]
vocês	вие	[víe]
eles, elas	те	[te]

2. Cumprimentos. Saudações. Despedidas

Olá!	Здравей!	[zdravéj]
Bom dia! (formal)	Здравейте!	[zdravéjte]
Bom dia! (de manhã)	Добро утро!	[dobró útro]
Boa tarde!	Добър ден!	[dóbər den]
Boa noite!	Добър вечер!	[dóbər vétʃer]
cumprimentar (vt)	поздравявам	[pozdravʲávam]
Olá!	Здрасти!	[zdrásti]
saudação (f)	поздрав (м)	[pózdrav]
saudar (vt)	приветствувам	[privétstvuvam]
Como vai?	Как си?	[kak si]
O que há de novo?	Какво ново?	[kakvó nóvo]
Até à vista!	Довиждане!	[dovíʒdane]
Até breve!	До скора среща!	[do skóra sréʃta]
Adeus!	Сбогом!	[zbógom]
despedir-se (vr)	сбогувам се	[sbogúvam se]
Até logo!	До скоро!	[do skóro]
Obrigado! -a!	Благодаря!	[blagodarʲá]
Muito obrigado! -a!	Много благодаря!	[mnógo blagodarʲá]
De nada	Моля.	[mólʲa]
Não tem de quê	Няма нищо.	[nʲáma níʃto]
De nada	Няма за какво.	[nʲáma za kakvó]
Desculpa!	Извинявай!	[izvinʲávaj]
Desculpe!	Извинявайте!	[izvinʲávajte]
desculpar (vt)	извинявам	[izvinʲávam]

desculpar-se (vr)	извинявам се	[izvinʲávam se]
As minhas desculpas	Моите извинения.	[móite izvinénija]
Desculpe!	Прощавайте!	[proʃtávajte]
por favor	моля	[mólʲa]

Não se esqueça!	Не забравяйте!	[ne zabrávʲajte]
Certamente! Claro!	Разбира се!	[razbíra se]
Claro que não!	Разбира се, не!	[razbíra se ne]
Está bem! De acordo!	Съгласен!	[səglásen]
Basta!	Стига!	[stíga]

3. Números cardinais. Parte 1

zero	нула (ж)	[núla]
um	едно	[ednó]
dois	две	[dve]
três	три	[tri]
quatro	четири	[ʧétiri]

cinco	пет	[pet]
seis	шест	[ʃest]
sete	седем	[sédem]
oito	осем	[ósem]
nove	девет	[dévet]

dez	десет	[déset]
onze	единадесет	[edinádeset]
doze	дванадесет	[dvanádeset]
treze	тринадесет	[trinádeset]
catorze	четиринадесет	[ʧetirinádeset]

quinze	петнадесет	[petnádeset]
dezasseis	шестнадесет	[ʃesnádeset]
dezassete	седемнадесет	[sedemnádeset]
dezoito	осемнадесет	[osemnádeset]
dezanove	деветнадесет	[devetnádeset]

vinte	двадесет	[dvádeset]
vinte e um	двадесет и едно	[dvádeset i ednó]
vinte e dois	двадесет и две	[dvádeset i dve]
vinte e três	двадесет и три	[dvádeset i tri]

trinta	тридесет	[trídeset]
trinta e um	тридесет и едно	[trídeset i ednó]
trinta e dois	тридесет и две	[trídeset i dve]
trinta e três	тридесет и три	[trídeset i tri]

quarenta	четиридесет	[ʧetírideset]
quarenta e um	четиридесет и едно	[ʧetírideset i ednó]
quarenta e dois	четиридесет и две	[ʧetírideset i dve]
quarenta e três	четиридесет и три	[ʧetírideset i tri]

| cinquenta | петдесет | [petdesét] |
| cinquenta e um | петдесет и едно | [petdesét i ednó] |

| cinquenta e dois | петдесет и две | [petdesét i dve] |
| cinquenta e três | петдесет и три | [petdesét i tri] |

sessenta	шестдесет	[ʃestdesét]
sessenta e um	шестдесет и едно	[ʃestdesét i ednó]
sessenta e dois	шестдесет и две	[ʃestdesét i dve]
sessenta e três	шестдесет и три	[ʃestdesét i tri]

setenta	седемдесет	[sedemdesét]
setenta e um	седемдесет и едно	[sedemdesét i ednó]
setenta e dois	седемдесет и две	[sedemdesét i dve]
setenta e três	седемдесет и три	[sedemdesét i tri]

oitenta	осемдесет	[osemdesét]
oitenta e um	осемдесет и едно	[osemdesét i ednó]
oitenta e dois	осемдесет и две	[osemdesét i dve]
oitenta e três	осемдесет и три	[osemdesét i tri]

noventa	деветдесет	[devetdesét]
noventa e um	деветдесет и едно	[devetdesét i ednó]
noventa e dois	деветдесет и две	[devetdesét i dve]
noventa e três	деветдесет и три	[devetdesét i tri]

4. Números cardinais. Parte 2

cem	сто	[sto]
duzentos	двеста	[dvésta]
trezentos	триста	[trísta]
quatrocentos	четиристотин	[ʧétiri·stótin]
quinhentos	петстотин	[pét·stótin]

seiscentos	шестстотин	[ʃést·stótin]
setecentos	седемстотин	[sédem·stótin]
oitocentos	осемстотин	[ósem·stótin]
novecentos	деветстотин	[dévet·stótin]

mil	хиляда (ж)	[hilʲáda]
dois mil	две хиляди	[dve hílʲadi]
De quem são ...?	три хиляди	[tri hílʲadi]
dez mil	десет хиляди	[déset hílʲadi]
cem mil	сто хиляди	[sto hílʲadi]
um milhão	милион (м)	[milión]
mil milhões	милиард (м)	[miliárt]

5. Números. Frações

fração (f)	дроб (м)	[drop]
um meio	една втора	[edná ftóra]
um terço	една трета	[edná tréta]
um quarto	една четвърта	[edná ʧetvérta]
um oitavo	една осма	[edná ósma]
um décimo	една десета	[edná deséta]

| dois terços | две трети | [dve tréti] |
| três quartos | три четвърти | [tri ʧetvárti] |

6. Números. Operações básicas

subtração (f)	изваждане (c)	[izváʒdane]
subtrair (vi, vt)	изваждам	[izváʒdam]
divisão (f)	деление (c)	[delénie]
dividir (vt)	деля	[delʲá]

adição (f)	събиране (c)	[səbírane]
somar (vt)	събера	[səberá]
adicionar (vt)	прибавям	[pribávʲam]
multiplicação (f)	умножение (c)	[umnoʒénie]
multiplicar (vt)	умножавам	[umnoʒávam]

7. Números. Diversos

algarismo, dígito (m)	цифра (ж)	[tsífra]
número (m)	число (c)	[ʧisló]
numeral (m)	числително име (c)	[ʧislítelno íme]
menos (m)	минус (м)	[mínus]
mais (m)	плюс (м)	[plʲus]
fórmula (f)	формула (ж)	[fórmula]

cálculo (m)	изчисление (c)	[isʧislénie]
contar (vt)	броя	[brojá]
calcular (vt)	преброявам	[prebrojávam]
comparar (vt)	сравнявам	[sravnʲávam]

Quanto, -os, -as?	Колко?	[kólko]
soma (f)	сума (ж)	[súma]
resultado (m)	резултат (м)	[rezultát]
resto (m)	остатък (м)	[ostátək]

alguns, algumas ...	няколко	[nʲákolko]
um pouco de ...	малко ...	[málko]
resto (m)	остатък (м)	[ostátək]
um e meio	един и половина	[edín i polovína]
dúzia (f)	дузина (ж)	[duzína]

ao meio	наполовина	[napolovína]
em partes iguais	поравно	[porávno]
metade (f)	половина (ж)	[polovína]
vez (f)	път (м)	[pət]

8. Os verbos mais importantes. Parte 1

| abrir (vt) | отварям | [otvárʲam] |
| acabar, terminar (vt) | приключвам | [priklʲúʧvam] |

15

aconselhar (vt)	съветвам	[səvétvam]
adivinhar (vt)	отгатна	[otgátna]
advertir (vt)	предупреждавам	[predupreʒdávam]

ajudar (vt)	помагам	[pomágam]
almoçar (vi)	обядвам	[obʲádvam]
alugar (~ um apartamento)	наемам	[naémam]
amar (vt)	обичам	[obítʃam]
ameaçar (vt)	заплашвам	[zapláʃvam]

anotar (escrever)	записвам	[zapísvam]
apanhar (vt)	ловя	[lovʲá]
apressar-se (vr)	бързам	[bǝrzam]
arrepender-se (vr)	съжалявам	[səʒalʲávam]
assinar (vt)	подписвам	[potpísvam]

atirar, disparar (vi)	стрелям	[strélʲam]
brincar (vi)	шегувам се	[ʃegúvam se]
brincar, jogar (crianças)	играя	[igrája]
buscar (vt)	търся	[tǝrsʲa]
caçar (vi)	ловувам	[lovúvam]

cair (vi)	падам	[pádam]
cavar (vt)	ровя	[róvʲa]
cessar (vt)	прекратявам	[prekratʲávam]
chamar (~ por socorro)	викам	[víkam]
chegar (vi)	пристигам	[pristígam]
chorar (vi)	плача	[plátʃa]

começar (vt)	започвам	[zapótʃvam]
comparar (vt)	сравнявам	[sravnʲávam]
compreender (vt)	разбирам	[razbíram]
concordar (vi)	съгласявам се	[səglasʲávam se]
confiar (vt)	доверявам	[doverʲávam]

confundir (equivocar-se)	обърквам	[obǝrkvam]
conhecer (vt)	познавам	[poznávam]
contar (fazer contas)	броя	[brojá]
contar com (esperar)	разчитам на ...	[rastʃítam na]
continuar (vt)	продължавам	[prodǝlʒávam]

controlar (vt)	контролирам	[kontrolíram]
convidar (vt)	каня	[kánʲa]
correr (vi)	бягам	[bʲágam]
criar (vt)	създам	[səzdám]
custar (vt)	струвам	[strúvam]

9. Os verbos mais importantes. Parte 2

dar (vt)	давам	[dávam]
dar uma dica	намеквам	[namékvam]
decorar (enfeitar)	украсявам	[ukrasʲávam]
defender (vt)	защитавам	[zaʃtitávam]
deixar cair (vt)	изтървавам	[istǝrvávam]

descer (para baixo)	слизам	[slízam]
desculpar (vt)	извинявам	[izvinʲávam]
dirigir (~ uma empresa)	ръководя	[rəkovódʲa]
discutir (notícias, etc.)	обсъждам	[obséʒdam]
dizer (vt)	кажа	[káʒa]

duvidar (vt)	съмнявам се	[səmnʲávam se]
encontrar (achar)	намирам	[namíram]
enganar (vt)	лъжа	[léʒa]
entrar (na sala, etc.)	влизам	[vlízam]
enviar (uma carta)	изпращам	[ispráʃtam]

errar (equivocar-se)	греша	[greʃá]
escolher (vt)	избирам	[izbíram]
esconder (vt)	крия	[kríja]
escrever (vt)	пиша	[píʃa]
esperar (o autocarro, etc.)	чакам	[ʧákam]

esperar (ter esperança)	надявам се	[nadʲávam se]
esquecer (vt)	забравям	[zabrávʲam]
estudar (vt)	изучавам	[izuʧávam]
exigir (vt)	изисквам	[izískvam]
existir (vi)	съществувам	[səʃtestvúvam]

explicar (vt)	обяснявам	[obʲasnʲávam]
falar (vi)	говоря	[govórʲa]
faltar (clases, etc.)	пропускам	[propúskam]
fazer (vt)	правя	[právʲa]
ficar em silêncio	мълча	[məlʧá]
gabar-se, jactar-se (vr)	хваля се	[hválʲa se]

gostar (apreciar)	харесвам	[harésvam]
gritar (vi)	викам	[víkam]
guardar (cartas, etc.)	съхранявам	[səhranʲávam]
informar (vt)	информирам	[informíram]
insistir (vi)	настоявам	[nastojávam]

insultar (vt)	оскърбявам	[oskərbʲávam]
interessar-se (vr)	интересувам се	[interesúvam se]
ir (a pé)	вървя	[vərvʲá]
ir nadar	къпя се	[képʲa se]
jantar (vi)	вечерям	[veʧérʲam]

10. Os verbos mais importantes. Parte 3

ler (vt)	чета	[ʧeta]
libertar (cidade, etc.)	освобождавам	[osvoboʒdávam]
matar (vt)	убивам	[ubívam]
mencionar (vt)	споменавам	[spomenávam]
mostrar (vt)	показвам	[pokázvam]

mudar (modificar)	сменям	[sménʲam]
nadar (vi)	плувам	[plúvam]
negar-se a ...	отказвам се	[otkázvam se]

objetar (vt)	възразявам	[vəzrazʲávam]
ordenar (mil.)	заповядвам	[zapovʲádvam]
ouvir (vt)	чувам	[ʧúvam]
pagar (vt)	плащам	[pláʃtam]
parar (vi)	спирам се	[spíram se]

participar (vi)	участвам	[uʧástvam]
pedir (comida)	поръчвам	[poréʧvam]
pedir (um favor, etc.)	моля	[mólʲa]
pegar (tomar)	взимам	[vzímam]
pensar (vt)	мисля	[míslʲa]

perceber (ver)	забелязвам	[zabelʲázvam]
perdoar (vt)	прощавам	[proʃtávam]
perguntar (vt)	питам	[pítam]
permitir (vt)	разрешавам	[razreʃávam]
pertencer a ...	принадлежа ...	[prinadleʒá]

planear (vt)	планирам	[planíram]
possuir (vt)	владея	[vladéja]
preferir (vt)	предпочитам	[pretpoʧítam]
preparar (vt)	готвя	[gótvʲa]

prever (vt)	предвиждам	[predvíʒdam]
prometer (vt)	обещавам	[obeʃtávam]
pronunciar (vt)	произнасям	[proiznásʲam]
propor (vt)	предлагам	[predlágam]
punir (castigar)	наказвам	[nakázvam]

11. Os verbos mais importantes. Parte 4

quebrar (vt)	чупя	[ʧúpʲa]
queixar-se (vr)	оплаквам се	[oplákvam se]
querer (desejar)	искам	[ískam]
recomendar (vt)	съветвам	[səvétvam]
repetir (dizer outra vez)	повтарям	[poftárʲam]

repreender (vt)	ругая	[rugája]
reservar (~ um quarto)	резервирам	[rezervíram]
responder (vt)	отговарям	[otgovárʲam]
rezar, orar (vi)	моля се	[mólʲa se]
rir (vi)	смея се	[sméja se]

roubar (vt)	крада	[kradá]
saber (vt)	знам	[znam]
sair (~ de casa)	излизам	[izlízam]
salvar (vt)	спасявам	[spasʲávam]
seguir ...	вървя след ...	[varvʲá slet]

sentar-se (vr)	сядам	[sʲádam]
ser necessário	трябвам	[trʲábvam]
ser, estar	съм, бъда	[sem], [béda]
significar (vt)	означавам	[oznaʧávam]
sorrir (vi)	усмихвам се	[usmíhvam se]

subestimar (vt)	недооценявам	[nedootsenʲávam]
surpreender-se (vr)	удивлявам се	[udivlʲávam se]
tentar (vt)	опитвам се	[opítvam se]

ter (vt)	имам	[ímam]
ter fome	искам да ям	[ískam da jam]
ter medo	страхувам се	[strahúvam se]
ter sede	искам да пия	[ískam da píja]

tocar (com as mãos)	пипам	[pípam]
tomar o pequeno-almoço	закусвам	[zakúsvam]
trabalhar (vi)	работя	[rabótʲa]
traduzir (vt)	превеждам	[prevéʒdam]
unir (vt)	обединявам	[obedinʲávam]

vender (vt)	продавам	[prodávam]
ver (vt)	виждам	[víʒdam]
virar (ex. ~ à direita)	завивам	[zavívam]
voar (vi)	летя	[letʲá]

12. Cores

cor (f)	цвят (м)	[tsvʲat]
matiz (m)	оттенък (м)	[otténək]
tom (m)	тон (м)	[ton]
arco-íris (m)	небесна дъга (ж)	[nebésna dəgá]

branco	бял	[bʲal]
preto	черен	[ʧéren]
cinzento	сив	[siv]

verde	зелен	[zelén]
amarelo	жълт	[ʒəlt]
vermelho	червен	[ʧervén]

azul	син	[sin]
azul claro	небесносин	[nebesnosín]
rosa	розов	[rózov]
laranja	оранжев	[oránʒev]
violeta	виолетов	[violétov]
castanho	кафяв	[kafʲáv]

| dourado | златен | [zláten] |
| prateado | сребрист | [srebríst] |

bege	бежов	[béʒov]
creme	кремав	[krémaf]
turquesa	тюркоазен	[tʲurkoázen]
vermelho cereja	вишнев	[víʃnev]
lilás	лилав	[liláf]
carmesim	малинов	[malínov]

| claro | светъл | [svétəl] |
| escuro | тъмен | [tə́men] |

vivo	ярък	[járək]
de cor	цветен	[tsvéten]
a cores	цветен	[tsvéten]
preto e branco	черно-бял	[ʧérno-bʲal]
unicolor	едноцветен	[edno·tsvéten]
multicor	многоцветен	[mnogo·tsvéten]

13. Questões

Quem?	Кой?	[koj]
Que?	Какво?	[kakvó]
Onde?	Къде?	[kədé]
Para onde?	Къде?	[kədé]
De onde?	Откъде?	[otkədé]
Quando?	Кога?	[kogá]
Para quê?	За какво?	[za kakvó]
Porquê?	Защо?	[zaʃtó]

Para quê?	За какво?	[za kakvó]
Como?	Как?	[kak]
Qual? (entre dois ou mais)	Кой?	[koj]

A quem?	На кого?	[na kogó]
Sobre quem?	За кого?	[za kogó]
Do quê?	За какво?	[za kakvó]
Com quem?	С кого?	[s kogó]

Quanto, -os, -as?	Колко?	[kólko]
De quem? (masc.)	Чий?	[ʧij]

14. Palavras funcionais. Advérbios. Parte 1

Onde?	Къде?	[kədé]
aqui	тук	[tuk]
lá, ali	там	[tam]

em algum lugar	някъде	[nʲákəde]
em lugar nenhum	никъде	[níkəde]

ao pé de …	до …	[do]
ao pé da janela	до прозореца	[do prozóretsa]

Para onde?	Къде?	[kədé]
para cá	тук	[tuk]
para lá	нататък	[natátək]
daqui	оттук	[ottúk]
de lá, dali	оттам	[ottám]

perto	близо	[blízo]
longe	далече	[daléʧe]
perto de …	до	[do]
ao lado de	редом	[rédom]

perto, não fica longe	недалече	[nedalétʃe]
esquerdo	ляв	[lʲav]
à esquerda	отляво	[otlʲávo]
para esquerda	вляво	[vlʲávo]

direito	десен	[désen]
à direita	отдясно	[otdʲásno]
para direita	вдясно	[vdʲásno]

à frente	отпред	[otprét]
da frente	преден	[préden]
em frente (para a frente)	напред	[naprét]

atrás de ...	отзад	[otzát]
por detrás (vir ~)	отзад	[otzát]
para trás	назад	[nazát]

| meio (m), metade (f) | среда (ж) | [sredá] |
| no meio | по средата | [po sredáta] |

de lado	встрани	[fstraní]
em todo lugar	навсякъде	[nafsʲákəde]
ao redor (olhar ~)	наоколо	[naókolo]

de dentro	отвътре	[otvǿtre]
para algum lugar	някъде	[nʲákəde]
diretamente	направо	[naprávo]
de volta	обратно	[obrátno]

| de algum lugar | откъдето и да е | [otkədéto i da e] |
| de um lugar | отнякъде | [otnʲákəde] |

em primeiro lugar	първо	[pǿrvo]
em segundo lugar	второ	[ftóro]
em terceiro lugar	трето	[tréto]

de repente	изведнъж	[izvednéʃ]
no início	в началото	[f natʃáloto]
pela primeira vez	за пръв път	[za prəv pét]
muito antes de ...	много време преди ...	[mnógo vréme predí]
de novo, novamente	наново	[nanóvo]
para sempre	завинаги	[zavínagi]

nunca	никога	[níkoga]
de novo	пак	[pak]
agora	сега	[segá]
frequentemente	често	[tʃésto]
então	тогава	[togáva]
urgentemente	срочно	[srótʃno]
usualmente	обикновено	[obiknovéno]

a propósito, ...	между другото ...	[méʒdu drúgoto]
é possível	възможно	[vəzmóʒno]
provavelmente	вероятно	[verojátno]
talvez	може би	[móʒe bi]
além disso, ...	освен това, ...	[osvén tová]

por isso …	затова	[zatová]
apesar de …	въпреки че …	[vépreki ʧe]
graças a …	благодарение на …	[blagodarénie na]

que (pron.)	какво	[kakvó]
que (conj.)	че	[ʧe]
algo	нещо	[néʃto]
alguma coisa	нещо	[néʃto]
nada	нищо	[níʃto]

quem	кой	[koj]
alguém (~ teve uma ideia …)	някой	[nʲákoj]
alguém	някой	[nʲákoj]

ninguém	никой	[níkoj]
para lugar nenhum	никъде	[níkəde]
de ninguém	ничий	[nítʃij]
de alguém	нечий	[nétʃij]

tão	така	[taká]
também (gostaria ~ de …)	също така	[séʃto taká]
também (~ eu)	също	[séʃto]

15. Palavras funcionais. Advérbios. Parte 2

Porquê?	Защо?	[zaʃtó]
por alguma razão	кой знае защо	[koj znáe zaʃtó]
porque …	защото …	[zaʃtóto]
por qualquer razão	кой знае защо	[koj znáe zaʃtó]

e (tu ~ eu)	и	[i]
ou (ser ~ não ser)	или	[ilí]
mas (porém)	но	[no]
para (~ a minha mãe)	за	[za]

demasiado, muito	прекалено	[prekaléno]
só, somente	само	[sámo]
exatamente	точно	[tótʃno]
cerca de (~ 10 kg)	около	[ókolo]

aproximadamente	приблизително	[priblizítelno]
aproximado	приблизителен	[priblizítelen]
quase	почти	[potʃtí]
resto (m)	остатък (м)	[ostátək]

o outro (segundo)	друг	[druk]
outro	друг	[druk]
cada	всеки	[fséki]
qualquer	всеки	[fséki]
muito	много	[mnógo]
muitas pessoas	много	[mnógo]
todos	всички	[fsítʃki]
em troca de …	в обмяна на …	[v obmʲána na]
em troca	в замяна	[v zamʲána]

| à mão | ръчно | [réʧno] |
| pouco provável | едва ли | [edvá li] |

provavelmente	вероятно	[verojátno]
de propósito	специално	[spetsiálno]
por acidente	случайно	[sluʧájno]

muito	много	[mnógo]
por exemplo	например	[naprímer]
entre	между	[meʒdú]
entre (no meio de)	сред	[sret]
tanto	толкова	[tólkova]
especialmente	особено	[osóbeno]

Conceitos básicos. Parte 2

16. Opostos

rico	богат	[bogát]
pobre	беден	[béden]
doente	болен	[bólen]
são	здрав	[zdrav]
grande	голям	[golʲám]
pequeno	малък	[málək]
rapidamente	бързо	[bérzo]
lentamente	бавно	[bávno]
rápido	бърз	[bərz]
lento	бавен	[báven]
alegre	весел	[vésel]
triste	тъжен	[téʒen]
juntos	заедно	[záedno]
separadamente	поотделно	[pootdélno]
em voz alta (ler ~)	на глас	[na glás]
para si (em silêncio)	на ум	[na úm]
alto	висок	[visók]
baixo	нисък	[nísək]
profundo	дълбок	[dəlbók]
pouco fundo	плитък	[plítək]
sim	да	[da]
não	не	[ne]
distante (no espaço)	далечен	[dalétʃen]
próximo	близък	[blízək]
longe	далече	[dalétʃe]
perto	близо	[blízo]
longo	дълъг	[délək]
curto	къс	[kəs]
bom, bondoso	добър	[dobér]
mau	зъл	[zəl]
casado	женен	[ʒénen]

solteiro	ерген	[ergén]
proibir (vt)	забранявам	[zabranʲávam]
permitir (vt)	разрешавам	[razreʃávam]
fim (m)	край (м)	[kraj]
começo (m)	начало (с)	[natʃálo]
esquerdo	ляв	[lʲav]
direito	десен	[désen]
primeiro	първи	[pǝrvi]
último	последен	[posléden]
crime (m)	престъпление (с)	[prestǝplénie]
castigo (m)	наказание (с)	[nakazánie]
ordenar (vt)	заповядвам	[zapovʲádvam]
obedecer (vt)	подчиня се	[podtʃinʲá se]
reto	прав	[prav]
curvo	крив	[kriv]
paraíso (m)	рай (м)	[raj]
inferno (m)	ад (м)	[at]
nascer (vi)	родя се	[rodʲá se]
morrer (vi)	умра	[umrá]
forte	силен	[sílen]
fraco, débil	слаб	[slap]
idoso	стар	[star]
jovem	млад	[mlat]
velho	стар	[star]
novo	нов	[nov]
duro	твърд	[tvǝrt]
mole	мек	[mek]
tépido	топъл	[tópǝl]
frio	студен	[studén]
gordo	дебел	[debél]
magro	слаб	[slap]
estreito	тесен	[tésen]
largo	широк	[ʃirók]
bom	добър	[dobǝr]
mau	лош	[loʃ]
valente	храбър	[hrábǝr]
cobarde	страхлив	[strahlíf]

17. Dias da semana

segunda-feira (f)	понеделник (м)	[ponedélnik]
terça-feira (f)	вторник (м)	[ftórnik]
quarta-feira (f)	сряда (ж)	[srʲáda]
quinta-feira (f)	четвъртък (м)	[tʃetvártǝk]
sexta-feira (f)	петък (м)	[pétǝk]
sábado (m)	събота (ж)	[sébota]
domingo (m)	неделя (ж)	[nedélʲa]

hoje	днес	[dnes]
amanhã	утре	[útre]
depois de amanhã	вдругиден	[vdrugidén]
ontem	вчера	[vtʃéra]
anteontem	завчера	[závtʃera]

dia (m)	ден (м)	[den]
dia (m) de trabalho	работен ден (м)	[rabóten den]
feriado (m)	празничен ден (м)	[práznitʃen den]
dia (m) de folga	почивен ден (м)	[potʃíven dén]
fim (m) de semana	почивни дни (м мн)	[potʃívni dni]

o dia todo	цял ден	[tsʲal den]
no dia seguinte	на следващия ден	[na slédvaʃtija den]
há dois dias	преди два дена	[predí dva déna]
na véspera	в навечерието	[v navetʃérieto]
diário	всекидневен	[fsekidnéven]
todos os dias	всекидневно	[fsekidnévno]

semana (f)	седмица (ж)	[sédmitsa]
na semana passada	през миналата седмица	[pres mínalata sédmitsa]
na próxima semana	през следващата седмица	[pres slédvaʃtata sédmitsa]
semanal	седмичен	[sédmitʃen]
cada semana	седмично	[sédmitʃno]
duas vezes por semana	два пъти на седмица	[dva pǝtí na sédmitsa]
cada terça-feira	всеки вторник	[fséki ftórnik]

18. Horas. Dia e noite

manhã (f)	сутрин (ж)	[sútrin]
de manhã	сутринта	[sutrintá]
meio-dia (m)	пладне (с)	[pládne]
à tarde	следобед	[sledóbet]

noite (f)	вечер (ж)	[vétʃer]
à noite (noitinha)	вечер	[vétʃer]
noite (f)	нощ (ж)	[noʃt]
à noite	нощем	[nóʃtem]
meia-noite (f)	полунощ (ж)	[polunóʃt]

segundo (m)	секунда (ж)	[sekúnda]
minuto (m)	минута (ж)	[minúta]
hora (f)	час (м)	[tʃas]

meia hora (f)	половин час (м)	[polovín tʃas]
quarto (m) de hora	четвърт (ж) час	[tʃétvərt tʃas]
quinze minutos	петнадесет минути	[petnádeset minúti]
vinte e quatro horas	денонощие (c)	[denonóʃtie]

nascer (m) do sol	изгрев слънце (c)	[ízgrev sléntsə]
amanhecer (m)	разсъмване (c)	[rassémvane]
madrugada (f)	ранна сутрин (ж)	[ránna sútrin]
pôr do sol (m)	залез (м)	[zález]

de madrugada	рано сутрин	[ráno sútrin]
hoje de manhã	тази сутрин	[tázi sútrin]
amanhã de manhã	утре сутрин	[útre sútrin]

hoje à tarde	днес през деня	[dnes pres denʲá]
à tarde	следобед	[sledóbet]
amanhã à tarde	утре следобед	[útre sledóbet]

| hoje à noite | довечера | [dovétʃera] |
| amanhã à noite | утре вечер | [útre vétʃer] |

às três horas em ponto	точно в три часа	[tótʃno v tri tʃasá]
por volta das quatro	около четири часа	[ókolo tʃétiri tʃasá]
às doze	към дванадесет часа	[kəm dvanádeset tʃasá]

dentro de vinte minutos	след двадесет минути	[slet dvádeset minúti]
dentro duma hora	след един час	[slet edín tʃas]
a tempo	навреме	[navréme]

menos um quarto	без четвърт …	[bes tʃétvərt]
durante uma hora	в течение на един час	[v tetʃénie na edín tʃas]
a cada quinze minutos	на всеки петнадесет минути	[na fséki petnádeset minúti]
as vinte e quatro horas	цяло денонощие	[tsʲálo denonóʃtie]

19. Meses. Estações

janeiro (m)	януари (м)	[januári]
fevereiro (m)	февруари (м)	[fevruári]
março (m)	март (м)	[mart]
abril (m)	април (м)	[apríl]
maio (m)	май (м)	[maj]
junho (m)	юни (м)	[júni]

julho (m)	юли (м)	[júli]
agosto (m)	август (м)	[ávgust]
setembro (m)	септември (м)	[septémvri]
outubro (m)	октомври (м)	[októmvri]
novembro (m)	ноември (м)	[noémvri]
dezembro (m)	декември (м)	[dekémvri]

primavera (f)	пролет (ж)	[prólet]
na primavera	през пролетта	[prez prolettá]
primaveril	пролетен	[próleten]

verão (m)	лято (с)	[l'áto]
no verão	през лятото	[prez l'átoto]
de verão	летен	[léten]

outono (m)	есен (ж)	[ésen]
no outono	през есента	[prez esentá]
outonal	есенен	[ésenen]

inverno (m)	зима (ж)	[zíma]
no inverno	през зимата	[prez zímata]
de inverno	зимен	[zímen]

mês (m)	месец (м)	[mésets]
este mês	през този месец	[pres tózi mésets]
no próximo mês	през следващия месец	[prez slédvaʃtija mésets]
no mês passado	през миналия месец	[prez mínalija mésets]

há um mês	преди един месец	[predí edín mésets]
dentro de um mês	след един месец	[slet edín mésets]
dentro de dois meses	след два месеца	[slet dva mésetsa]
todo o mês	цял месец	[ts'al mésets]
um mês inteiro	цял месец	[ts'al mésets]

| mensal | месечен | [méseʧen] |
| mensalmente | месечно | [méseʧno] |

| cada mês | всеки месец | [fséki mésets] |
| duas vezes por mês | два пъти на месец | [dva péti na mésets] |

| ano (m) | година (ж) | [godína] |
| este ano | тази година | [tázi godína] |

| no próximo ano | през следващата година | [prez slédvaʃtata godína] |
| no ano passado | през миналата година | [prez mínalata godína] |

há um ano	преди една година	[predí edná godína]
dentro dum ano	след една година	[slet edná godína]
dentro de 2 anos	след две години	[slet dve godíni]

| todo o ano | цяла година | [ts'ála godína] |
| um ano inteiro | цяла година | [ts'ála godína] |

| cada ano | всяка година | [fs'áka godína] |
| anual | ежегоден | [eʒegóden] |

| anualmente | ежегодно | [eʒegódno] |
| quatro vezes por ano | четири пъти годишно | [ʧétiri péti godíʃno] |

data (~ de hoje)	число (с)	[ʧisló]
data (ex. ~ de nascimento)	дата (ж)	[dáta]
calendário (m)	календар (м)	[kalendár]

meio ano	половин година	[polovín godína]
seis meses	полугодие (с)	[polugódie]
estação (f)	сезон (м)	[sezón]
século (m)	век (м)	[vek]

20. Tempo. Diversos

tempo (m)	време (с)	[vréme]
momento (m)	миг (м)	[mik]
instante (m)	мигновение (с)	[mignovénie]
instantâneo	мигновен	[mignovén]
lapso (m) de tempo	отрязък (м)	[otrʲázək]
vida (f)	живот (м)	[ʒivót]
eternidade (f)	вечност (ж)	[vétʃnost]

época (f)	епоха (ж)	[epóha]
era (f)	ера (ж)	[éra]
ciclo (m)	цикъл (м)	[tsíkəl]
período (m)	период (м)	[períot]
prazo (m)	срок (м)	[srok]

futuro (m)	бъдеще (с)	[bédeʃte]
futuro	бъдещ	[bédeʃt]
da próxima vez	следващия път	[slédvaʃtija pət]
passado (m)	минало (с)	[mínalo]
passado	минал	[mínal]
na vez passada	миналия път	[mínalija pət]

mais tarde	по-късно	[po-késno]
depois	след това	[slet tová]
atualmente	сега	[segá]
agora	сега	[segá]
imediatamente	незабавно	[nezabávno]
em breve, brevemente	скоро	[skóro]
de antemão	предварително	[predvarítelno]

há muito tempo	отдавна	[otdávna]
há pouco tempo	неотдавна	[neotdávna]
destino (m)	съдба (ж)	[sədbá]
recordações (f pl)	памет (ж)	[pámet]
arquivo (m)	архив (м)	[arhív]

durante ...	по времето на ...	[po vrémeto na]
durante muito tempo	дълго	[délgo]
pouco tempo	недълго	[nedélgo]
cedo (levantar-se ~)	рано	[ráno]
tarde (deitar-se ~)	късно	[késno]

para sempre	завинаги	[zavínagi]
começar (vt)	започвам	[zapótʃvam]
adiar (vt)	отложа	[otlóʒa]

simultaneamente	едновременно	[ednovrémenno]
permanentemente	постоянно	[postojánno]
constante (ruído, etc.)	постоянен	[postojánen]
temporário	временен	[vrémenen]

às vezes	понякога	[ponʲákoga]
raramente	рядко	[rʲátko]
frequentemente	често	[tʃésto]

21. Linhas e formas

quadrado (m)	квадрат (м)	[kvadrát]
quadrado	квадратен	[kvadráten]
círculo (m)	кръг (м)	[krək]
redondo	кръгъл	[krə́gəl]
triângulo (m)	триъгълник (м)	[triə́gəlnik]
triangular	триъгълен	[triə́gəlen]

oval (f)	овал (м)	[ovál]
oval	овален	[oválen]
retângulo (m)	правоъгълник (м)	[pravoə́gəlnik]
retangular	правоъгълен	[pravoə́gəlen]

pirâmide (f)	пирамида (ж)	[piramída]
rombo, losango (m)	ромб (м)	[romp]
trapézio (m)	трапец (м)	[trapéts]
cubo (m)	куб (м)	[kup]
prisma (m)	призма (ж)	[prízma]

circunferência (f)	окръжност (ж)	[okréʒnost]
esfera (f)	сфера (ж)	[sféra]
globo (m)	кълбо (с)	[kəlbó]
diâmetro (m)	диаметър (м)	[diámetər]
raio (m)	радиус (м)	[rádius]
perímetro (m)	периметър (м)	[perímetər]
centro (m)	център (м)	[tséntər]

horizontal	хоризонтален	[horizontálen]
vertical	вертикален	[vertikálen]
paralela (f)	паралел (м)	[paralél]
paralelo	паралелно	[paralélno]

linha (f)	линия (ж)	[línija]
traço (m)	черта (ж)	[tʃertá]
reta (f)	права (ж)	[práva]
curva (f)	крива (ж)	[kríva]
fino (linha ~a)	тънък	[ténək]
contorno (m)	контур (м)	[kóntur]

interseção (f)	пресичане (с)	[presítʃane]
ângulo (m) reto	прав ъгъл (м)	[prav ə́gəl]
segmento (m)	сегмент (м)	[segmént]
setor (m)	сектор (м)	[séktor]
lado (de um triângulo, etc.)	страна (ж)	[straná]
ângulo (m)	ъгъл (м)	[ə́gəl]

22. Unidades de medida

peso (m)	тегло (с)	[tegló]
comprimento (m)	дължина (ж)	[dəʒiná]
largura (f)	широчина (ж)	[ʃirotʃiná]
altura (f)	височина (ж)	[visotʃiná]

profundidade (f)	дълбочина (ж)	[dəlbotʃiná]
volume (m)	обем (м)	[obém]
área (f)	площ (ж)	[ploʃt]

grama (m)	грам (м)	[gram]
miligrama (m)	милиграм (м)	[miligrám]
quilograma (m)	килограм (м)	[kilográm]
tonelada (f)	тон (м)	[ton]
libra (453,6 gramas)	фунт (м)	[funt]
onça (f)	унция (ж)	[úntsija]

metro (m)	метър (м)	[métər]
milímetro (m)	милиметър (м)	[milimétər]
centímetro (m)	сантиметър (м)	[santimétər]
quilómetro (m)	километър (м)	[kilométər]
milha (f)	миля (ж)	[mílʲa]

polegada (f)	дюйм (м)	[dʲujm]
pé (304,74 mm)	фут (м)	[fut]
jarda (914,383 mm)	ярд (м)	[jart]

metro (m) quadrado	квадратен метър (м)	[kvadráten métər]
hectare (m)	хектар (м)	[hektár]

litro (m)	литър (м)	[lítər]
grau (m)	градус (м)	[grádus]
volt (m)	волт (м)	[volt]
ampere (m)	ампер (м)	[ampér]
cavalo-vapor (m)	конска сила (ж)	[kónska síla]

quantidade (f)	количество (с)	[kolítʃestvo]
um pouco de …	малко …	[málko]
metade (f)	половина (ж)	[polovína]
dúzia (f)	дузина (ж)	[duzína]
peça (f)	брой (м)	[broj]

dimensão (f)	размер (м)	[razmér]
escala (f)	мащаб (м)	[maʃtáp]

mínimo	минимален	[minimálen]
menor, mais pequeno	най-малък	[naj-málək]
médio	среден	[sréden]
máximo	максимален	[maksimálen]
maior, mais grande	най-голям	[naj-golʲám]

23. Recipientes

boião (m) de vidro	буркан (м)	[burkán]
lata (~ de cerveja)	тенекия (ж)	[tenekíja]
balde (m)	кофа (ж)	[kófa]
barril (m)	бъчва (ж)	[bétʃva]

bacia (~ de plástico)	леген (м)	[legén]
tanque (m)	резервоар (м)	[rezervoár]

cantil (m) de bolso	манерка (ж)	[manérka]
bidão (m) de gasolina	туба (ж)	[túba]
cisterna (f)	цистерна (ж)	[tsistérna]

caneca (f)	чаша (ж)	[ʧáʃa]
chávena (f)	чаша (ж)	[ʧáʃa]
pires (m)	чинийка (ж)	[ʧiníjka]
copo (m)	стакан (м)	[stakán]
taça (f) de vinho	чаша (ж) за вино	[ʧáʃa za víno]
panela, caçarola (f)	тенджера (ж)	[téndʒera]

garrafa (f)	бутилка (ж)	[butílka]
gargalo (m)	гърло (с) на бутилка	[gérlo na butílka]

jarro, garrafa (f)	гарафа (ж)	[garáfa]
jarro (m) de barro	кана (ж)	[kána]
recipiente (m)	съд (м)	[set]
pote (m)	гърне (с)	[gerné]
vaso (m)	ваза (ж)	[váza]

frasco (~ de perfume)	шишенце (с)	[ʃiʃéntse]
frasquinho (ex. ~ de iodo)	шишенце (с)	[ʃiʃéntse]
tubo (~ de pasta dentífrica)	тубичка (ж)	[túbiʧka]

saca (ex. ~ de açúcar)	чувал (м)	[ʧuvál]
saco (~ de plástico)	плик (м)	[plik]
maço (m)	кутия (ж)	[kutíja]

caixa (~ de sapatos, etc.)	кутия (ж)	[kutíja]
caixa (~ de madeira)	щайга (ж)	[ʃtájga]
cesta (f)	кошница (ж)	[kóʃnitsa]

24. Materiais

material (m)	материал (м)	[materiál]
madeira (f)	дърво (с)	[dervó]
de madeira	дървен	[dérven]

vidro (m)	стъкло (с)	[stekl

ó] |
| de vidro | стъклен | [stéklen] |

pedra (f)	камък (м)	[kámek]
de pedra	каменен	[kámenen]

plástico (m)	пластмаса (ж)	[plastmása]
de plástico	пластмасов	[plastmásov]

borracha (f)	гума (ж)	[gúma]
de borracha	гумен	[gúmen]

tecido, pano (m)	плат (м)	[plat]
de tecido	от плат	[ot plát]
papel (m)	хартия (ж)	[hartíja]
de papel	хартиен	[hartíen]

cartão (m)	картон (м)	[kartón]
de cartão	картонен	[kartónen]
polietileno (m)	полиетилен (м)	[polietilén]
celofane (m)	целофан (м)	[tselofán]
contraplacado (m)	шперплат (м)	[ʃperplát]
porcelana (f)	порцелан (м)	[portselán]
de porcelana	порцеланов	[portselánof]
barro (f)	глина (ж)	[glína]
de barro	глинен	[glínen]
cerâmica (f)	керамика (ж)	[kerámika]
de cerâmica	керамичен	[kerámitʃen]

25. Metais

metal (m)	метал (м)	[metál]
metálico	метален	[metálen]
liga (f)	сплав (м)	[splav]
ouro (m)	злато (с)	[zláto]
de ouro	златен	[zláten]
prata (f)	сребро (с)	[srebró]
de prata	сребърен	[srébəren]
ferro (m)	желязо (с)	[ʒelʲázo]
de ferro	железен	[ʒelézen]
aço (m)	стомана (ж)	[stomána]
de aço	стоманен	[stománen]
cobre (m)	мед (ж)	[met]
de cobre	меден	[méden]
alumínio (m)	алуминий (м)	[alumínij]
de alumínio	алуминиев	[alumíniev]
bronze (m)	бронз (м)	[bronz]
de bronze	бронзов	[brónzov]
latão (m)	месинг (м)	[mésink]
níquel (m)	никел (м)	[níkel]
platina (f)	платина (ж)	[platína]
mercúrio (m)	живак (м)	[ʒivák]
estanho (m)	калай (м)	[kaláj]
chumbo (m)	олово (с)	[olóvo]
zinco (m)	цинк (м)	[tsink]

O SER HUMANO

O ser humano. O corpo

26. Humanos. Conceitos básicos

ser (m) humano	човек (м)	[ʧovék]
homem (m)	мъж (м)	[məʒ]
mulher (f)	жена (ж)	[ʒená]
criança (f)	дете (с)	[deté]
menina (f)	момиче (с)	[momíʧe]
menino (m)	момче (с)	[momʧé]
adolescente (m)	тинейджър (м)	[tinéjdʒər]
velho (m)	старец (м)	[stárets]
velha, anciã (f)	старица (ж)	[stáritsa]

27. Anatomia humana

organismo (m)	организъм (м)	[organízəm]
coração (m)	сърце (с)	[sərtsé]
sangue (m)	кръв (ж)	[krəv]
artéria (f)	артерия (ж)	[artérija]
veia (f)	вена (ж)	[véna]
cérebro (m)	мозък (м)	[mózək]
nervo (m)	нерв (м)	[nerv]
nervos (m pl)	нерви (м мн)	[nérvi]
vértebra (f)	прешлен (м)	[préʃlen]
coluna (f) vertebral	гръбнак (м)	[grəbnák]
estômago (m)	стомах (м)	[stomáh]
intestinos (m pl)	стомашно-чревен тракт (м)	[stomáʃno-ʧréven trakt]
intestino (c)	черво (с)	[ʧervó]
fígado (m)	черен дроб (м)	[ʧéren drop]
rim (m)	бъбрек (м)	[bébrek]
osso (m)	кост (ж)	[kost]
esqueleto (m)	скелет (м)	[skélet]
costela (f)	ребро (с)	[rebró]
crânio (m)	череп (м)	[ʧérep]
músculo (m)	мускул (м)	[múskul]
bíceps (m)	бицепс (м)	[bítseps]
tríceps (m)	трицепс (м)	[trítseps]
tendão (m)	сухожилие (с)	[suhoʒílie]
articulação (f)	става (ж)	[stáva]

pulmões (m pl)	бели дробове (м мн)	[béli dróbove]
órgãos (m pl) genitais	полови органи (м мн)	[pólovi órgani]
pele (f)	кожа (ж)	[kóʒa]

28. Cabeça

cabeça (f)	глава (ж)	[glavá]
cara (f)	лице (с)	[litsé]
nariz (m)	нос (м)	[nos]
boca (f)	уста (ж)	[ustá]

olho (m)	око (с)	[okó]
olhos (m pl)	очи (с мн)	[otʃí]
pupila (f)	зеница (ж)	[zénitsa]
sobrancelha (f)	вежда (ж)	[véʒda]
pestana (f)	мигла (ж)	[mígla]
pálpebra (f)	клепач (м)	[klepátʃ]

língua (f)	език (м)	[ezík]
dente (m)	зъб (м)	[zǝp]
lábios (m pl)	устни (ж мн)	[ústni]
maçãs (f pl) do rosto	скули (ж мн)	[skúli]
gengiva (f)	венец (м)	[venéts]
palato (m)	небце (с)	[nebtsé]

narinas (f pl)	ноздри (ж мн)	[nózdri]
queixo (m)	брадичка (ж)	[bradítʃka]
mandíbula (f)	челюст (ж)	[tʃélʲust]
bochecha (f)	буза (ж)	[búza]

testa (f)	чело (с)	[tʃeló]
têmpora (f)	слепоочие (с)	[slepoótʃie]
orelha (f)	ухо (с)	[uhó]
nuca (f)	тил (м)	[til]
pescoço (m)	шия (ж)	[ʃíja]
garganta (f)	гърло (с)	[gérlo]

cabelos (m pl)	коса (ж)	[kosá]
penteado (m)	прическа (ж)	[pritʃéska]
corte (m) de cabelo	подстригване (с)	[potstrígvane]
peruca (f)	перука (ж)	[perúka]

bigode (m)	мустаци (м мн)	[mustátsi]
barba (f)	брада (ж)	[bradá]
usar, ter (~ barba, etc.)	нося	[nósʲa]
trança (f)	коса (ж)	[kosá]
suíças (f pl)	бакенбарди (мн)	[bakenbárdi]

ruivo	червенокос	[tʃervenokós]
grisalho	беловлас	[belovlás]
calvo	плешив	[pleʃív]
calva (f)	плешивина (ж)	[pleʃiviná]
rabo-de-cavalo (m)	опашка (ж)	[opáʃka]
franja (f)	бретон (м)	[bretón]

35

29. Corpo humano

mão (f)	китка (ж)	[kítka]
braço (m)	ръка (ж)	[rəká]
dedo (m)	пръст (м)	[prəst]
dedo (m) do pé	пръст (м) на крак	[prəst na krak]
polegar (m)	палец (м)	[pálets]
dedo (m) mindinho	кутре (c)	[kutré]
unha (f)	нокът (м)	[nókət]
punho (m)	юмрук (м)	[jumrúk]
palma (f) da mão	длан (ж)	[dlan]
pulso (m)	китка (ж)	[kítka]
antebraço (m)	предмишница (ж)	[predmíʃnitsa]
cotovelo (m)	лакът (м)	[lákət]
ombro (m)	рамо (c)	[rámo]
perna (f)	крак (м)	[krak]
pé (m)	ходило (c)	[hodílo]
joelho (m)	коляно (c)	[koľáno]
barriga (f) da perna	прасец (м)	[praséts]
anca (f)	бедро (c)	[bedró]
calcanhar (m)	пета (ж)	[petá]
corpo (m)	тяло (c)	[tʲálo]
barriga (f)	корем (м)	[korém]
peito (m)	гръд (ж)	[grəd]
seio (m)	женска гръд (ж)	[ʒénska grəd]
lado (m)	страна (ж)	[straná]
costas (f pl)	гръб (м)	[grəp]
região (f) lombar	кръст (м)	[krəst]
cintura (f)	талия (ж)	[tálija]
umbigo (m)	пъп (м)	[pəp]
nádegas (f pl)	седалище (c)	[sedáliʃte]
traseiro (m)	задник (м)	[zádnik]
sinal (m)	бенка (ж)	[bénka]
sinal (m) de nascença	родилно петно (c)	[rodílno petnó]
tatuagem (f)	татуировка (ж)	[tatuirófka]
cicatriz (f)	белег (м)	[bélek]

Vestuário & Acessórios

30. Roupa exterior. Casacos

roupa (f)	облекло (c)	[oblekl̇ó]
roupa (f) exterior	горни дрехи (ж мн)	[górni dréhi]
roupa (f) de inverno	зимни дрехи (ж мн)	[zímni dréhi]
sobretudo (m)	палто (c)	[paltó]
casaco (m) de peles	кожено палто (c)	[kóʒeno paltó]
casaco curto (m) de peles	полушубка (ж)	[poluʃúpka]
casaco (m) acolchoado	пухено яке (c)	[púheno jáke]
casaco, blusão (m)	яке (c)	[jáke]
impermeável (m)	шлифер (м)	[ʃlífer]
impermeável	непромокаем	[nepromokáem]

31. Vestuário de homem & mulher

camisa (f)	риза (ж)	[ríza]
calças (f pl)	панталон (м)	[pantalón]
calças (f pl) de ganga	дънки, джинси (мн)	[dénki], [dʒínsi]
casaco (m) de fato	сако (c)	[sakó]
fato (m)	костюм (м)	[kostʲúm]
vestido (ex. ~ vermelho)	рокля (ж)	[róklʲa]
saia (f)	пола (ж)	[polá]
blusa (f)	блуза (ж)	[blúza]
casaco (m) de malha	жилетка (ж)	[ʒilétka]
casaco, blazer (m)	сако (c)	[sakó]
T-shirt, camiseta (f)	тениска (ж)	[téniska]
calções (Bermudas, etc.)	къси панталони (м мн)	[kési pantalóni]
fato (m) de treino	анцуг (м)	[ántsuk]
roupão (m) de banho	хавлиен халат (м)	[havlíen halát]
pijama (m)	пижама (ж)	[piʒáma]
suéter (m)	пуловер (м)	[pulóver]
pulôver (m)	пуловер (м)	[pulóver]
colete (m)	елек (м)	[elék]
fraque (m)	фрак (м)	[frak]
smoking (m)	смокинг (м)	[smóking]
uniforme (m)	униформа (ж)	[unifórma]
roupa (f) de trabalho	работно облекло (c)	[rabótno obleklʲó]
fato-macaco (m)	гащеризон (м)	[gaʃterizón]
bata (~ branca, etc.)	бяла престилка (ж)	[bʲála prestílka]

32. Vestuário. Roupa interior

roupa (f) interior	бельо (c)	[belʲó]
cuecas boxer (f pl)	боксер (м)	[boksér]
cuecas (f pl)	прашка (ж)	[práʃka]
camisola (f) interior	потник (м)	[pótnik]
peúgas (f pl)	чорапи (м мн)	[ʧorápi]

camisa (f) de noite	нощница (ж)	[nóʃtnitsa]
sutiã (m)	сутиен (м)	[sutién]
meias longas (f pl)	чорапи три четвърт (м мн)	[ʧorápi tri ʧétvərt]
meia-calça (f)	чорапогащник (м)	[ʧorapogáʃtnik]
meias (f pl)	чорапи (м мн)	[ʧorápi]
fato (m) de banho	бански костюм (м)	[bánski kostʲúm]

33. Adereços de cabeça

chapéu (m)	шапка (ж)	[ʃápka]
chapéu (m) de feltro	шапка (ж)	[ʃápka]
boné (m) de beisebol	шапка (ж) с козирка	[ʃápka s kozirká]
boné (m)	каскет (м)	[kaskét]

boina (f)	барета (ж)	[baréta]
capuz (m)	качулка (ж)	[kaʧúlka]
panamá (m)	панама (ж)	[panáma]
gorro (m) de malha	плетена шапка (ж)	[plétena ʃápka]

lenço (m)	кърпа (ж)	[kérpa]
chapéu (m) de mulher	шапка (ж)	[ʃápka]

capacete (m) de proteção	каска (ж)	[káska]
bibico (m)	пилотка (ж)	[pilótka]
capacete (m)	шлем (м)	[ʃlem]

chapéu-coco (m)	бомбе (c)	[bombé]
chapéu (m) alto	цилиндър (м)	[tsilíndər]

34. Calçado

calçado (m)	обувки (ж мн)	[obúfki]
botinas (f pl)	ботинки (мн)	[botínki]
sapatos (de salto alto, etc.)	обувки (ж мн)	[obúfki]
botas (f pl)	ботуши (м мн)	[botúʃi]
pantufas (f pl)	чехли (м мн)	[ʧéhli]

ténis (m pl)	маратонки (ж мн)	[maratónki]
sapatilhas (f pl)	кецове (м мн)	[kétsove]
sandálias (f pl)	сандали (мн)	[sandáli]

sapateiro (m)	обущар (м)	[obuʃtár]
salto (m)	ток (м)	[tok]

par (m)	чифт (м)	[ʧift]
atacador (m)	връзка (ж)	[vréska]
apertar os atacadores	връзвам	[vrézvam]
calçadeira (f)	обувалка (ж)	[obuválka]
graxa (f) para calçado	крем (м) за обувки	[krem za obúfki]

35. Têxtil. Tecidos

algodão (m)	памук (м)	[pamúk]
de algodão	от памук	[ot pamúk]
linho (m)	лен (м)	[len]
de linho	от лен	[ot len]

seda (f)	коприна (ж)	[koprína]
de seda	коприен	[koprínen]
lã (f)	вълна (ж)	[vélna]
de lã	вълнен	[vólnen]

veludo (m)	кадифе (с)	[kadifé]
camurça (f)	велур (м)	[velúr]
bombazina (f)	кадифе (с)	[kadifé]

náilon (m)	найлон (м)	[najlón]
de náilon	от найлон	[ot najlón]
poliéster (m)	полиестер (м)	[poliéster]
de poliéster	полиестерен	[poliésteren]

couro (m)	кожа (ж)	[kóʒa]
de couro	кожен	[kóʒen]
pele (f)	кожа (ж)	[kóʒa]
de peles, de pele	кожен	[kóʒen]

36. Acessórios pessoais

luvas (f pl)	ръкавици (ж мн)	[rəkavítsi]
mitenes (f pl)	ръкавици (ж мн) с един пръст	[rəkavítsi s edín pərst]
cachecol (m)	шал (м)	[ʃal]

óculos (m pl)	очила (мн)	[otʃilá]
armação (f) de óculos	рамка (ж) за очила	[rámka za otʃilá]
guarda-chuva (m)	чадър (м)	[ʧadér]
bengala (f)	бастун (м)	[bastún]
escova (f) para o cabelo	четка (ж) за коса	[ʧétka za kosá]
leque (m)	ветрило (с)	[vetrílo]

gravata (f)	вратовръзка (ж)	[vratovrézka]
gravata-borboleta (f)	папийонка (ж)	[papijónka]
suspensórios (m pl)	тиранти (мн)	[tiránti]
lenço (m)	носна кърпичка (ж)	[nósna kérpiʧka]
pente (m)	гребен (м)	[grében]
travessão (m)	шнола (ж)	[ʃnóla]

gancho (m) de cabelo	фиба (ж)	[fíba]
fivela (f)	катарама (ж)	[kataráma]
cinto (m)	колан (м)	[kolán]
correia (f)	ремък (м)	[rémək]
mala (f)	чанта (ж)	[ʧánta]
mala (f) de senhora	чантичка (ж)	[ʧántiʧka]
mochila (f)	раница (ж)	[ránitsa]

37. Vestuário. Diversos

moda (f)	мода (ж)	[móda]
na moda	модерен	[modéren]
estilista (m)	моделиер (м)	[modeliér]
colarinho (m), gola (f)	яка (ж)	[jaká]
bolso (m)	джоб (м)	[dʒop]
de bolso	джобен	[dʒóben]
manga (f)	ръкав (м)	[rəkáv]
alcinha (f)	закачалка (ж)	[zakaʧálka]
braguilha (f)	копчелък (м)	[kopʧelék]
fecho (m) de correr	цип (м)	[tsip]
fecho (m), colchete (m)	закопчалка (ж)	[zakopʧálka]
botão (m)	копче (с)	[kópʧe]
casa (f) de botão	илик (м)	[ilík]
soltar-se (vr)	откъсна се	[otkésna se]
coser, costurar (vi)	шия	[ʃíja]
bordar (vt)	бродирам	[brodíram]
bordado (m)	бродерия (ж)	[brodérija]
agulha (f)	игла (ж)	[iglá]
fio (m)	конец (м)	[konéts]
costura (f)	тегел (м)	[tegél]
sujar-se (vr)	изцапам се	[istsápam se]
mancha (f)	петно (с)	[petnó]
engelhar-se (vr)	смачкам се	[smáʧkam se]
rasgar (vt)	скъсам	[skésam]
traça (f)	молец (м)	[moléts]

38. Cuidados pessoais. Cosméticos

pasta (f) de dentes	паста (ж) за зъби	[pásta za zébi]
escova (f) de dentes	четка (ж) за зъби	[ʧétka za zébi]
escovar os dentes	мия си зъбите	[míja si zébite]
máquina (f) de barbear	бръснач (м)	[brəsnáʧ]
creme (m) de barbear	крем (м) за бръснене	[krem za brésnene]
barbear-se (vr)	бръсна се	[brésna se]
sabonete (m)	сапун (м)	[sapún]

champô (m)	шампоан (м)	[ʃampoán]
tesoura (f)	ножица (ж)	[nóʒitsa]
lima (f) de unhas	пиличка (ж) за нокти	[pílitʃka za nókti]
corta-unhas (m)	ножичка (ж) за нокти	[nóʒitʃka za nókti]
pinça (f)	пинсета (ж)	[pinséta]

cosméticos (m pl)	козметика (ж)	[kozmétika]
máscara (f) facial	маска (ж)	[máska]
manicura (f)	маникюр (м)	[manikʲúr]
fazer a manicura	правя маникюр	[právʲa manikʲúr]
pedicure (f)	педикюр (м)	[pedikʲúr]

mala (f) de maquilhagem	козметична чантичка (ж)	[kozmetítʃna tʃántitʃka]
pó (m)	пудра (ж)	[púdra]
caixa (f) de pó	пудриера (ж)	[pudriéra]
blush (m)	руж (ж)	[ruʃ]

perfume (m)	парфюм (м)	[parfʲúm]
água (f) de toilette	тоалетна вода (ж)	[toalétna vodá]
loção (f)	лосион (м)	[losión]
água-de-colónia (f)	одеколон (м)	[odekolón]

sombra (f) de olhos	сенки (ж мн) за очи	[sénki za otʃí]
lápis (m) delineador	молив (м) за очи	[móliv za otʃí]
máscara (f), rímel (m)	спирала (ж)	[spirála]

batom (m)	червило (с)	[tʃervílo]
verniz (m) de unhas	лак (м) за нокти	[lak za nókti]
laca (f) para cabelos	лак (м) за коса	[lak za kosá]
desodorizante (m)	дезодорант (м)	[dezodoránt]

creme (m)	крем (м)	[krem]
creme (m) de rosto	крем (м) за лице	[krem za litsé]
creme (m) de mãos	крем (м) за ръце	[krem za rətsé]
creme (m) antirrugas	крем (м) срещу бръчки	[krem sreʃtú brétʃki]
creme (m) de dia	дневен крем (м)	[dnéven krem]
creme (m) de noite	нощен крем (м)	[nóʃten krem]
de dia	дневен	[dnéven]
da noite	нощен	[nóʃten]

tampão (m)	тампон (м)	[tampón]
papel (m) higiénico	тоалетна хартия (ж)	[toalétna hartíja]
secador (m) elétrico	сешоар (м)	[seʃoár]

39. Joalheria

joias (f pl)	скъпоценности (ж мн)	[skəpotsénnosti]
precioso	скъпоценен	[skəpotsénen]
marca (f) de contraste	проба (ж)	[próba]

anel (m)	пръстен (м)	[présten]
aliança (f)	халка (ж)	[halká]
pulseira (f)	гривна (ж)	[grívna]
brincos (m pl)	обеци (ж мн)	[obetsí]

41

colar (m)	огърлица (ж)	[ogərlítsa]
coroa (f)	корона (ж)	[koróna]
colar (m) de contas	гердан (м)	[gerdán]

diamante (m)	диамант (м)	[diamánt]
esmeralda (f)	изумруд (м)	[izumrút]
rubi (m)	рубин (м)	[rubín]
safira (f)	сапфир (м)	[sapfír]
pérola (f)	бисер (м)	[bíser]
âmbar (m)	кехлибар (м)	[kehlibár]

40. Relógios de pulso. Relógios

relógio (m) de pulso	часовник (м)	[tʃasóvnik]
mostrador (m)	циферблат (м)	[tsiferblát]
ponteiro (m)	стрелка (ж)	[strelká]
bracelete (f) em aço	гривна (ж)	[grívna]
bracelete (f) em couro	каишка (ж)	[kaíʃka]

pilha (f)	батерия (ж)	[batérija]
descarregar-se	батерията се изтощи	[batérijata se istoʃtí]
trocar a pilha	сменям батерия	[sménʲam batérija]
estar adiantado	избързвам	[izbérzvam]
estar atrasado	изоставам	[izostávam]

relógio (m) de parede	стенен часовник (м)	[sténen tʃasóvnik]
ampulheta (f)	пясъчен часовник (м)	[pʲásətʃen tʃasóvnik]
relógio (m) de sol	слънчев часовник (м)	[sléntʃev tʃasóvnik]
despertador (m)	будилник (м)	[budílnik]
relojoeiro (m)	часовникар (м)	[tʃasovnikár]
reparar (vt)	поправям	[poprávʲam]

Alimentação. Nutrição

41. Comida

carne (f)	месо (c)	[mesó]
galinha (f)	кокошка (ж)	[kokóʃka]
frango (m)	пиле (c)	[píle]
pato (m)	патица (ж)	[pátitsa]
ganso (m)	гъска (ж)	[géska]
caça (f)	дивеч (ж)	[dívetʃ]
peru (m)	пуйка (ж)	[pújka]

carne (f) de porco	свинско (c)	[svínsko]
carne (f) de vitela	телешко месо (c)	[téleʃko mesó]
carne (f) de carneiro	агнешко (c)	[ágneʃko]
carne (f) de vaca	говеждо (c)	[govéʒdo]
carne (f) de coelho	питомен заек (м)	[pítomen záek]

chouriço, salsichão (m)	салам (м)	[salám]
salsicha (f)	кренвирш (м)	[krénvirʃ]
bacon (m)	бекон (м)	[bekón]
fiambre (f)	шунка (ж)	[ʃúnka]
presunto (m)	бут (м)	[but]

patê (m)	пастет (м)	[pastét]
fígado (m)	черен дроб (м)	[tʃéren drop]
carne (f) moída	кайма (ж)	[kajmá]
língua (f)	език (м)	[ezík]

ovo (m)	яйце (c)	[jajtsé]
ovos (m pl)	яйца (c мн)	[jajtsá]
clara (f) do ovo	белтък (м)	[belték]
gema (f) do ovo	жълтък (м)	[ʒelték]

peixe (m)	риба (ж)	[ríba]
mariscos (m pl)	морски продукти (м мн)	[mórski prodúkti]
caviar (m)	хайвер (м)	[hajvér]

caranguejo (m)	морски рак (м)	[mórski rak]
camarão (m)	скарида (ж)	[skarída]
ostra (f)	стрида (ж)	[strída]
lagosta (f)	лангуста (ж)	[langústa]
polvo (m)	октопод (м)	[oktopót]
lula (f)	калмар (м)	[kalmár]

esturjão (m)	есетра (ж)	[esétra]
salmão (m)	сьомга (ж)	[sʲómga]
halibute (m)	палтус (м)	[páltus]
bacalhau (m)	треска (ж)	[tréska]
cavala, sarda (f)	скумрия (ж)	[skumríja]

atum (m)	риба тон (м)	[ríba ton]
enguia (f)	змиорка (ж)	[zmiórka]

truta (f)	пъстърва (ж)	[pəstérva]
sardinha (f)	сардина (ж)	[sardína]
lúcio (m)	щука (ж)	[ʃtúka]
arenque (m)	селда (ж)	[sélda]

pão (m)	хляб (м)	[hlʲap]
queijo (m)	кашкавал (м)	[kaʃkavál]
açúcar (m)	захар (ж)	[záhar]
sal (m)	сол (ж)	[sol]

arroz (m)	ориз (м)	[oríz]
massas (f pl)	макарони (мн)	[makaróni]
talharim (m)	юфка (ж)	[jufká]

manteiga (f)	краве масло (с)	[kráve masló]
óleo (m) vegetal	олио (с)	[ólio]
óleo (m) de girassol	слънчогледово масло (с)	[slənʧoglédovo máslo]
margarina (f)	маргарин (м)	[margarín]

azeitonas (f pl)	маслини (ж мн)	[maslíni]
azeite (m)	зехтин (м)	[zehtín]

leite (m)	мляко (с)	[mlʲáko]
leite (m) condensado	сгъстено мляко (с)	[sgəsténo mlʲáko]
iogurte (m)	йогурт (м)	[jógurt]
nata (f) azeda	сметана (ж)	[smetána]
nata (f) do leite	каймак (м)	[kajmák]

maionese (f)	майонеза (ж)	[majonéza]
creme (m)	крем (м)	[krem]

grãos (m pl) de cereais	грис, булгур (м)	[gris], [bulgúr]
farinha (f)	брашно (с)	[braʃnó]
enlatados (m pl)	консерви (ж мн)	[konsérvi]

flocos (m pl) de milho	царевичен флейкс (м)	[tsárevitʃen flejks]
mel (m)	мед (м)	[met]
doce (m)	конфитюр (м)	[konfitʲúr]
pastilha (f) elástica	дъвка (ж)	[défka]

42. Bebidas

água (f)	вода (ж)	[vodá]
água (f) potável	питейна вода (ж)	[pitéjna vodá]
água (f) mineral	минерална вода (ж)	[minerálna vodá]

sem gás	негазирана	[negazíran]
gaseificada	газирана	[gazíran]
com gás	газирана	[gazíran]
gelo (m)	лед (м)	[let]
com gelo	с лед	[s let]

sem álcool	безалкохолен	[bezalkohólen]
bebida (f) sem álcool	безалкохолна напитка (ж)	[bezalkohólna napítka]
refresco (m)	разхладителна напитка (ж)	[rashladítelna napítka]
limonada (f)	лимонада (ж)	[limonáda]

bebidas (f pl) alcoólicas	спиртни напитки (ж мн)	[spírtni napítki]
vinho (m)	вино (с)	[víno]
vinho (m) branco	бяло вино (с)	[bʲálo víno]
vinho (m) tinto	червено вино (с)	[ʧervéno víno]

licor (m)	ликьор (м)	[likʲór]
champanhe (m)	шампанско (с)	[ʃampánsko]
vermute (m)	вермут (м)	[vermút]

uísque (m)	уиски (с)	[wíski]
vodka (f)	водка (ж)	[vótka]
gim (m)	джин (м)	[dʒin]
conhaque (m)	коняк (м)	[konʲák]
rum (m)	ром (м)	[rom]

café (m)	кафе (с)	[kafé]
café (m) puro	черно кафе (с)	[ʧérno kafé]
café (m) com leite	кафе (с) с мляко	[kafé s mlʲáko]
cappuccino (m)	кафе (с) със сметана	[kafé səs smetána]
café (m) solúvel	разтворимо кафе (с)	[rastvorímo kafé]

leite (m)	мляко (с)	[mlʲáko]
coquetel (m)	коктейл (м)	[koktéjl]
batido (m) de leite	млечен коктейл (м)	[mléʧen koktéjl]

sumo (m)	сок (м)	[sok]
sumo (m) de tomate	доматен сок (м)	[domáten sok]
sumo (m) de laranja	портокалов сок (м)	[portokálov sok]
sumo (m) fresco	фреш (м)	[freʃ]

cerveja (f)	бира (ж)	[bíra]
cerveja (f) clara	светла бира (ж)	[svétla bíra]
cerveja (f) preta	тъмна бира (ж)	[təmna bíra]

chá (m)	чай (м)	[ʧaj]
chá (m) preto	черен чай (м)	[ʧéren ʧaj]
chá (m) verde	зелен чай (м)	[zelén ʧaj]

43. Vegetais

| legumes (m pl) | зеленчуци (м мн) | [zelenʧútsi] |
| verduras (f pl) | зарзават (м) | [zarzavát] |

tomate (m)	домат (м)	[domát]
pepino (m)	краставица (ж)	[krástavitsa]
cenoura (f)	морков (м)	[mórkof]
batata (f)	картофи (мн)	[kartófi]
cebola (f)	лук (м)	[luk]
alho (m)	чесън (м)	[ʧésən]

couve (f)	зеле (с)	[zéle]
couve-flor (f)	карфиол (м)	[karfiól]
couve-de-bruxelas (f)	брюкселско зеле (с)	[brʲúkselsko zéle]
brócolos (m pl)	броколи (с)	[brókoli]

beterraba (f)	цвекло (с)	[tsveklo]
beringela (f)	патладжан (м)	[patladʒán]
curgete (f)	тиквичка (ж)	[tíkvitʃka]
abóbora (f)	тиква (ж)	[tíkva]
nabo (m)	ряпа (ж)	[rʲápa]

salsa (f)	магданоз (м)	[magdanóz]
funcho, endro (m)	копър (м)	[kópər]
alface (f)	салата (ж)	[saláta]
aipo (m)	целина (ж)	[tsélina]
espargo (m)	аспержа (ж)	[aspérʒa]
espinafre (m)	спанак (м)	[spanák]

ervilha (f)	грах (м)	[grah]
fava (f)	боб (м)	[bop]
milho (m)	царевица (ж)	[tsárevitsa]
feijão (m)	фасул (м)	[fasúl]

pimentão (m)	пипер (м)	[pipér]
rabanete (m)	репичка (ж)	[répitʃka]
alcachofra (f)	ангинар (м)	[anginár]

44. Frutos. Nozes

fruta (f)	плод (м)	[plot]
maçã (f)	ябълка (ж)	[jábəlka]
pera (f)	круша (ж)	[krúʃa]
limão (m)	лимон (м)	[limón]
laranja (f)	портокал (м)	[portokál]
morango (m)	ягода (ж)	[jágoda]

tangerina (f)	мандарина (ж)	[mandarína]
ameixa (f)	слива (ж)	[slíva]
pêssego (m)	праскова (ж)	[práskova]
damasco (m)	кайсия (ж)	[kajsíja]
framboesa (f)	малина (ж)	[malína]
ananás (m)	ананас (м)	[ananás]

banana (f)	банан (м)	[banán]
melancia (f)	диня (ж)	[dínʲa]
uva (f)	грозде (с)	[grózde]
ginja (f)	вишна (ж)	[víʃna]
cereja (f)	череша (ж)	[tʃeréʃa]
meloa (f)	пъпеш (м)	[pépeʃ]

toranja (f)	грейпфрут (м)	[gréjpfrut]
abacate (m)	авокадо (с)	[avokádo]
papaia (f)	папая (ж)	[papája]
manga (f)	манго (с)	[mángo]

romã (f)	нар (м)	[nar]
groselha (f) vermelha	червено френско грозде (с)	[ʧervéno frénsko grózde]
groselha (f) preta	черно френско грозде (с)	[ʧérno frénsko grózde]
groselha (f) espinhosa	цариградско грозде (с)	[tsarigrátsko grózde]
mirtilo (m)	боровинки (ж мн)	[borovínki]
amora silvestre (f)	къпина (ж)	[kəpína]

uvas (f pl) passas	стафиди (ж мн)	[stafídi]
figo (m)	смокиня (ж)	[smokínʲa]
tâmara (f)	фурма (ж)	[furmá]

amendoim (m)	фъстък (м)	[fəsték]
amêndoa (f)	бадем (м)	[badém]
noz (f)	орех (м)	[óreh]
avelã (f)	лешник (м)	[léʃnik]
coco (m)	кокосов орех (м)	[kokósov óreh]
pistáchios (m pl)	шамфъстъци (м мн)	[ʃamfəstétsi]

45. Pão. Bolaria

pastelaria (f)	сладкарски изделия (с мн)	[slatkárski izdélija]
pão (m)	хляб (м)	[hlʲap]
bolacha (f)	бисквити (ж мн)	[biskvíti]

chocolate (m)	шоколад (м)	[ʃokolát]
de chocolate	шоколадов	[ʃokoládov]
rebuçado (m)	бонбон (м)	[bonbón]
bolo (cupcake, etc.)	паста (ж)	[pásta]
bolo (m) de aniversário	торта (ж)	[tórta]

| tarte (~ de maçã) | пирог (м) | [pirók] |
| recheio (m) | плънка (ж) | [plénka] |

doce (m)	сладко (с)	[slátko]
geleia (f) de frutas	мармалад (м)	[marmalát]
waffle (m)	вафли (ж мн)	[váfli]
gelado (m)	сладолед (м)	[sladolét]

46. Pratos cozinhados

prato (m)	ястие (с)	[jástie]
cozinha (~ portuguesa)	кухня (ж)	[kúhnʲa]
receita (f)	рецепта (ж)	[retsépta]
porção (f)	порция (ж)	[pórtsija]

| salada (f) | салата (ж) | [saláta] |
| sopa (f) | супа (ж) | [súpa] |

caldo (m)	бульон (м)	[buljón]
sandes (f)	сандвич (м)	[sándviʧ]
ovos (m pl) estrelados	пържени яйца (с мн)	[pérʒeni jajtsá]

| hambúrguer (m) | хамбургер (м) | [hámburger] |
| bife (m) | бифтек (м) | [bifték] |

conduto (m)	гарнитура (ж)	[garnitúra]
espaguete (m)	спагети (мн)	[spagéti]
puré (m) de batata	картофено пюре (с)	[kartófeno pʲuré]
pizza (f)	пица (ж)	[pítsa]
papa (f)	каша (ж)	[káʃa]
omelete (f)	омлет (м)	[omlét]

cozido em água	варен	[varén]
fumado	пушен	[púʃen]
frito	пържен	[pérʒen]
seco	сушен	[suʃén]
congelado	замразен	[zamrazén]
em conserva	мариńован	[marinóvan]

doce (açucarado)	сладък	[sládək]
salgado	солен	[solén]
frio	студен	[studén]
quente	горещ	[goréʃt]
amargo	горчив	[gortʃív]
gostoso	вкусен	[fkúsen]

cozinhar (em água a ferver)	готвя	[gótvʲa]
fazer, preparar (vt)	готвя	[gótvʲa]
fritar (vt)	пържа	[pérʒa]
aquecer (vt)	затоплям	[zatóplʲam]

salgar (vt)	соля	[solʲá]
apimentar (vt)	слагам пипер	[slágam pipér]
ralar (vt)	стъргам	[stérgam]
casca (f)	кожа (ж)	[kóʒa]
descascar (vt)	беля	[bélʲa]

47. Especiarias

sal (m)	сол (ж)	[sol]
salgado	солен	[solén]
salgar (vt)	соля	[solʲá]

pimenta (f) preta	черен пипер (м)	[tʃéren pipér]
pimenta (f) vermelha	червен пипер (м)	[tʃervén pipér]
mostarda (f)	горчица (ж)	[gortʃítsa]
raiz-forte (f)	хрян (м)	[hrʲan]

condimento (m)	подправка (ж)	[podpráfka]
especiaria (f)	подправка (ж)	[podpráfka]
molho (m)	сос (м)	[sos]
vinagre (m)	оцет (м)	[otsét]

anis (m)	анасон (м)	[anasón]
manjericão (m)	босилек (м)	[bosílek]
cravo (m)	карамфил (м)	[karamfíl]

gengibre (m)	джинджифил (м)	[dʒindʒifíl]
coentro (m)	кориандър (м)	[koriándər]
canela (f)	канела (ж)	[kanéla]
sésamo (m)	сусам (м)	[susám]
folhas (f pl) de louro	дафинов лист (м)	[dafínov list]
páprica (f)	червен пипер (м)	[tʃervén pipér]
cominho (m)	черен тмин (м)	[tʃéren tmin]
açafrão (m)	шафран (м)	[ʃafrán]

48. Refeições

comida (f)	храна (ж)	[hraná]
comer (vt)	ям	[jam]
pequeno-almoço (m)	закуска (ж)	[zakúska]
tomar o pequeno-almoço	закусвам	[zakúsvam]
almoço (m)	обяд (м)	[obʲát]
almoçar (vi)	обядвам	[obʲádvam]
jantar (m)	вечеря (ж)	[vetʃérʲa]
jantar (vi)	вечерям	[vetʃérʲam]
apetite (m)	апетит (м)	[apetít]
Bom apetite!	Добър апетит!	[dobér apetít]
abrir (~ uma lata, etc.)	отварям	[otvárʲam]
derramar (vt)	излея	[izléja]
derramar-se (vr)	излея се	[izléja se]
ferver (vi)	вря	[vrʲa]
ferver (vt)	варя до кипване	[varʲá do kípvane]
fervido	преварен	[prevarén]
arrefecer (vt)	охладя	[ohladʲá]
arrefecer-se (vr)	изстудявам се	[isstudʲávam se]
sabor, gosto (m)	вкус (м)	[fkus]
gostinho (m)	привкус (м)	[prífkus]
fazer dieta	отслабвам	[otslábvam]
dieta (f)	диета (ж)	[diéta]
vitamina (f)	витамин (м)	[vitamín]
caloria (f)	калория (ж)	[kalórija]
vegetariano (m)	вегетарианец (м)	[vegetariánets]
vegetariano	вегетариански	[vegetariánski]
gorduras (f pl)	мазнини (ж мн)	[mazniní]
proteínas (f pl)	белтъчини (ж мн)	[beltətʃiní]
carboidratos (m pl)	въглехидрати (м мн)	[vəglehidráti]
fatia (~ de limão, etc.)	резенче (с)	[rézentʃe]
pedaço (~ de bolo)	парче (с)	[partʃé]
migalha (f)	троха (ж)	[trohá]

49. Por a mesa

colher (f)	лъжица (ж)	[ləʒítsa]
faca (f)	нож (м)	[noʒ]
garfo (m)	вилица (ж)	[vílitsa]

chávena (f)	чаша (ж)	[ʧáʃa]
prato (m)	чиния (ж)	[ʧiníja]
pires (m)	чинийка (ж)	[ʧiníjka]
guardanapo (m)	салфетка (ж)	[salfétka]
palito (m)	клечка (ж) за зъби	[kléʧka za zébi]

50. Restaurante

restaurante (m)	ресторант (м)	[restoránt]
café (m)	кафене (с)	[kafené]
bar (m), cervejaria (f)	бар (м)	[bar]
salão (m) de chá	чаен салон (м)	[ʧáen salón]

empregado (m) de mesa	сервитьор (м)	[servitⁱór]
empregada (f) de mesa	сервитьорка (ж)	[servitⁱórka]
barman (m)	барман (м)	[bárman]

ementa (f)	меню (с)	[menⁱú]
lista (f) de vinhos	карта (ж) на виното	[kárta na vínoto]
reservar uma mesa	резервирам масичка	[rezervíram másiʧka]

prato (m)	ядене (с)	[jádene]
pedir (vt)	поръчам	[porétʃam]
fazer o pedido	правя поръчка	[právⁱa porétʃka]

aperitivo (m)	аперитив (м)	[aperitív]
entrada (f)	мезе (с)	[mezé]
sobremesa (f)	десерт (м)	[desért]

conta (f)	сметка (ж)	[smétka]
pagar a conta	плащам сметка	[pláʃtam smétka]
dar o troco	връщам ресто	[vréʃtam résto]
gorjeta (f)	бакшиш (м)	[bakʃíʃ]

Família, parentes e amigos

51. Informação pessoal. Formulários

nome (m)	име (c)	[íme]
apelido (m)	фамилия (ж)	[famílija]
data (f) de nascimento	дата (ж) на раждане	[dáta na ráʒdane]
local (m) de nascimento	място (c) на раждане	[mʲásto na ráʒdane]
nacionalidade (f)	националност (ж)	[natsionálnost]
lugar (m) de residência	местожителство (c)	[mestoʒítelstvo]
país (m)	страна (ж)	[straná]
profissão (f)	професия (ж)	[profésija]
sexo (m)	пол (м)	[pol]
estatura (f)	ръст (м)	[rəst]
peso (m)	тегло (c)	[tegló]

52. Membros da família. Parentes

mãe (f)	майка (ж)	[májka]
pai (m)	баща (м)	[baʃtá]
filho (m)	син (м)	[sin]
filha (f)	дъщеря (ж)	[dəʃterʲá]
filha (f) mais nova	по-малка дъщеря (ж)	[po-málka dəʃterʲá]
filho (m) mais novo	по-малък син (м)	[po-málək sin]
filha (f) mais velha	по-голяма дъщеря (ж)	[po-golʲáma dəʃterʲá]
filho (m) mais velho	по-голям син (м)	[po-golʲám sin]
irmão (m)	брат (м)	[brat]
irmã (f)	сестра (ж)	[sestrá]
primo (m)	братовчед (м)	[bratovtʃét]
prima (f)	братовчедка (ж)	[bratovtʃétka]
mamã (f)	мама (ж)	[máma]
papá (m)	татко (м)	[tátko]
pais (pl)	родители (м мн)	[rodíteli]
criança (f)	дете (c)	[deté]
crianças (f pl)	деца (c мн)	[detsá]
avó (f)	баба (ж)	[bába]
avô (m)	дядо (м)	[dʲádo]
neto (m)	внук (м)	[vnuk]
neta (f)	внучка (ж)	[vnútʃka]
netos (pl)	внуци (м мн)	[vnútsi]
tio (m)	вуйчо (м)	[vújtʃo]
tia (f)	леля (ж)	[lélʲa]

sobrinho (m)	племенник (м)	[plémennik]
sobrinha (f)	племенница (ж)	[plémennitsa]
sogra (f)	тъща (ж)	[tóʃta]
sogro (m)	свекър (м)	[svékər]
genro (m)	зет (м)	[zet]
madrasta (f)	мащеха (ж)	[máʃteha]
padrasto (m)	пастрок (м)	[pástrok]
criança (f) de colo	кърмаче (с)	[kərmátʃe]
bebé (m)	бебе (с)	[bébe]
menino (m)	момченце (с)	[momtʃéntse]
mulher (f)	жена (ж)	[ʒená]
marido (m)	мъж (м)	[məʒ]
esposo (m)	съпруг (м)	[səprúk]
esposa (f)	съпруга (ж)	[səprúga]
casado	женен	[ʒénen]
casada	омъжена	[omǽʒena]
solteiro	неженен	[neʒénen]
solteirão (m)	ерген (м)	[ergén]
divorciado	разведен	[razvéden]
viúva (f)	вдовица (ж)	[vdovítsa]
viúvo (m)	вдовец (м)	[vdovéts]
parente (m)	роднина (м, ж)	[rodnína]
parente (m) próximo	близък роднина (м)	[blízək rodnína]
parente (m) distante	далечен роднина (м)	[dalétʃen rodnína]
parentes (m pl)	роднини (мн)	[rodníni]
órfão (m), órfã (f)	сирак (м)	[sirák]
tutor (m)	опекун (м)	[opekún]
adotar (um filho)	осиновявам	[osinovʲávam]
adotar (uma filha)	осиновявам момиче	[osinovʲávam momítʃe]

53. Amigos. Colegas de trabalho

amigo (m)	приятел (м)	[prijátel]
amiga (f)	приятелка (ж)	[prijátelka]
amizade (f)	приятелство (с)	[prijátelstvo]
ser amigos	дружа	[druʒá]
amigo (m)	приятел (м)	[prijátel]
amiga (f)	приятелка (ж)	[prijátelka]
parceiro (m)	партньор (м)	[partnʲór]
chefe (m)	шеф (м)	[ʃef]
superior (m)	началник (м)	[natʃálnik]
subordinado (m)	подчинен (м)	[podtʃinén]
colega (m)	колега (м, ж)	[koléga]
conhecido (m)	познат (м)	[poznát]
companheiro (m) de viagem	спътник (м)	[spétnik]

colega (m) de classe	съученик (м)	[səutʃeník]
vizinho (m)	съсед (м)	[səsét]
vizinha (f)	съседка (ж)	[səsétka]
vizinhos (pl)	съседи (м мн)	[səsédi]

54. Homem. Mulher

mulher (f)	жена (ж)	[ʒená]
rapariga (f)	девойка (ж)	[devójka]
noiva (f)	годеница (ж)	[godenítsa]

bonita	хубава	[húbava]
alta	висока	[visóka]
esbelta	стройна	[strójna]
de estatura média	невисок	[nevisók]

| loura (f) | блондинка (ж) | [blondínka] |
| morena (f) | брюнетка (ж) | [brʲunétka] |

de senhora	дамски	[dámski]
virgem (f)	девственица (ж)	[défstvenitsa]
grávida	бременна	[brémenna]

homem (m)	мъж (м)	[məʒ]
louro (m)	блондин (м)	[blondín]
moreno (m)	брюнет (м)	[brʲunét]
alto	висок	[visók]
de estatura média	невисок	[nevisók]

rude	груб	[grup]
atarracado	едър	[édər]
robusto	як	[jak]
forte	силен	[sílen]
força (f)	сила (ж)	[síla]

gordo	пълен	[pélen]
moreno	мургав	[múrgav]
esbelto	строен	[stróen]
elegante	елегантен	[elegánten]

55. Idade

idade (f)	възраст (ж)	[vézrast]
juventude (f)	младост (ж)	[mládost]
jovem	млад	[mlat]

| mais novo | по-малък | [po-málək] |
| mais velho | по-голям | [po-golʲám] |

jovem (m)	младеж (м)	[mladéʒ]
adolescente (m)	тийнейджър (м)	[tinéjdʒər]
rapaz (m)	момък (м)	[mómək]

| velho (m) | старец (м) | [stárets] |
| velhota (f) | старица (ж) | [stáritsa] |

adulto	възрастен	[vézrasten]
de meia-idade	на средна възраст	[na srédna vézrast]
idoso, de idade	възрастен	[vézrasten]
velho	стар	[star]

reforma (f)	пенсия (ж)	[pénsija]
reformar-se (vr)	пенсионирам се	[pensioníram se]
reformado (m)	пенсионер (м)	[pensionér]

56. Crianças

criança (f)	дете (с)	[deté]
crianças (f pl)	деца (с мн)	[detsá]
gémeos (m pl)	близнаци (м мн)	[bliznátsi]

berço (m)	люлка (ж)	[lʲúlka]
guizo (m)	дрънкалка (ж)	[drənkálka]
fralda (f)	памперс (м)	[pámpers]

chupeta (f)	биберон (м)	[biberón]
carrinho (m) de bebé	детска количка (ж)	[détska kolítʃka]
jardim (m) de infância	детска градина (ж)	[détska gradína]
babysitter (f)	детегледачка (ж)	[detegledátʃka]

infância (f)	детство (с)	[détstvo]
boneca (f)	кукла (ж)	[kúkla]
brinquedo (m)	играчка (ж)	[igrátʃka]
jogo (m) de armar	конструктор (м)	[konstrúktor]

bem-educado	възпитан	[vəspítan]
mal-educado	невъзпитан	[nevəspítan]
mimado	разглезен	[razglézen]

ser travesso	палувам	[palúvam]
travesso, traquinas	палав	[pálav]
travessura (f)	лудория (ж)	[ludoríja]
criança (f) travessa	палавник (м)	[pálavnik]

| obediente | послушен | [poslúʃen] |
| desobediente | непослушен | [neposlúʃen] |

dócil	благоразумен	[blagorazúmen]
inteligente	умен	[úmen]
menino (m) prodígio	вундеркинд (м)	[vúnderkint]

57. Casais. Vida de família

| beijar (vt) | целувам | [tselúvam] |
| beijar-se (vr) | целувам се | [tselúvam se] |

família (f)	семейство (c)	[seméjstvo]
familiar	семеен	[seméen]
casal (m)	двойка (ж)	[dvójka]
matrimónio (m)	брак (м)	[brak]
lar (m)	семейно огнище (c)	[seméjno ogníʃte]
dinastia (f)	династия (ж)	[dinástija]

| encontro (m) | среща (ж) | [sréʃta] |
| beijo (m) | целувка (ж) | [tselúfka] |

amor (m)	обич (ж)	[óbitʃ]
amar (vt)	обичам	[obítʃam]
amado, querido	любим	[lʲubím]

ternura (f)	нежност (ж)	[néʒnost]
terno, afetuoso	нежен	[néʒen]
fidelidade (f)	вярност (ж)	[vʲárnost]
fiel	верен	[véren]
cuidado (m)	грижа (ж)	[gríʒa]
carinhoso	грижлив	[griʒlív]

recém-casados (m pl)	младоженци (м мн)	[mladoʒéntsi]
lua de mel (f)	меден месец (м)	[méden mésets]
casar-se (com um homem)	омъжа се	[oméʒa se]
casar-se (com uma mulher)	женя се	[ʒénʲa se]

boda (f)	сватба (ж)	[svátba]
bodas (f pl) de ouro	златна сватба (ж)	[zlátna svádba]
aniversário (m)	годишнина (ж)	[godíʃnina]

| amante (m) | любовник (м) | [lʲubóvnik] |
| amante (f) | любовница (ж) | [lʲubóvnitsa] |

ciumento	ревнив	[revnív]
ser ciumento	ревнувам	[revnúvam]
divórcio (m)	развод (м)	[razvót]
divorciar-se (vr)	развеждам се	[razvéʒdam se]

brigar (discutir)	карам се	[káram se]
fazer as pazes	сдобрявам се	[zdobrʲávam se]
juntos	заедно	[záedno]
sexo (m)	секс (м)	[seks]

felicidade (f)	щастие (c)	[ʃtástie]
feliz	щастлив	[ʃtastlív]
infelicidade (f)	нещастие (c)	[neʃtástie]
infeliz	нещастен	[neʃtásten]

Caráter. Sentimentos. Emoções

58. Sentimentos. Emoções

sentimento (m)	чувство (c)	[ʧústvo]
sentimentos (m pl)	чувства (c мн)	[ʧústva]
sentir (vt)	чувствам	[ʧúfstvam]

fome (f)	глад (м)	[glat]
ter fome	искам да ям	[ískam da jam]
sede (f)	жажда (ж)	[ʒáʒda]
ter sede	искам да пия	[ískam da píja]
sonolência (f)	сънливост (ж)	[sənlívost]
estar sonolento	искам да спя	[ískam da spʲa]

cansaço (m)	умора (ж)	[umóra]
cansado	изморен	[izmorén]
ficar cansado	уморя се	[umorʲá se]

humor (m)	настроение (c)	[nastroénie]
tédio (m)	скука (ж)	[skúka]
aborrecer-se (vr)	скучая	[skuʧája]
isolamento (m)	самота (ж)	[samotá]
isolar-se	уединявам се	[uedinʲávam se]

preocupar (vt)	безпокоя	[bespokojá]
preocupar-se (vr)	безпокоя се	[bespokojá se]
preocupação (f)	безпокойство (c)	[bespokójstvo]
ansiedade (f)	тревога (ж)	[trevóga]
preocupado	загрижен	[zagríʒen]
estar nervoso	нервирам се	[nervíram se]
entrar em pânico	паникьосвам се	[panikʲósvam se]

| esperança (f) | надежда (ж) | [nadéʒda] |
| esperar (vt) | надявам се | [nadʲávam se] |

certeza (f)	увереност (ж)	[uvérenost]
certo	уверен	[uvéren]
indecisão (f)	неувереност (ж)	[neuvérenost]
indeciso	неуверен	[neuvéren]

ébrio, bêbado	пиян	[piján]
sóbrio	трезвен	[trézven]
fraco	слаб	[slap]
feliz	щастлив	[ʃtastlív]
assustar (vt)	изплаша	[ispláʃa]
fúria (f)	бяс (м)	[bʲas]
ira, raiva (f)	ярост (ж)	[járost]
depressão (f)	депресия (ж)	[deprésija]
desconforto (m)	дискомфорт (м)	[diskomfórt]

conforto (m)	комфорт (м)	[komfórt]
arrepender-se (vr)	съжалявам	[səʒaĺávam]
arrependimento (m)	съжаление (c)	[səʒalénie]
azar (m), má sorte (f)	несполука (ж)	[nespolúka]
tristeza (f)	огорчение (c)	[ogortʃénie]

vergonha (f)	срам (м)	[sram]
alegria (f)	веселба (ж)	[veselbá]
entusiasmo (m)	ентусиазъм (м)	[entusiázəm]
entusiasta (m)	ентусиаст (м)	[entusiást]
mostrar entusiasmo	ентусиазирам	[entusiazíram]

59. Caráter. Personalidade

caráter (m)	характер (м)	[harákter]
falha (f) de caráter	недостатък (м)	[nedostátək]
mente (f)	ум (м)	[um]
razão (f)	разум (м)	[rázum]

consciência (f)	съвест (ж)	[sévest]
hábito (m)	навик (м)	[návik]
habilidade (f)	способност (ж)	[sposóbnost]
saber (~ nadar, etc.)	умея	[uméja]

paciente	търпелив	[tərpelív]
impaciente	нетърпелив	[netərpelív]
curioso	любопитен	[ĺubopíten]
curiosidade (f)	любопитство (c)	[ĺubopítstvo]

modéstia (f)	скромност (ж)	[skrómnost]
modesto	скромен	[skrómen]
imodesto	нескромен	[neskrómen]

preguiça (f)	мързел (м)	[mérzel]
preguiçoso	мързелив	[mərzelív]
preguiçoso (m)	мързеливец (м)	[mərzelívets]

astúcia (f)	хитрост (ж)	[hítrost]
astuto	хитър	[hítər]
desconfiança (f)	недоверие (c)	[nedovérie]
desconfiado	недоверчив	[nedovertʃív]

generosidade (f)	щедрост (ж)	[ʃtédrost]
generoso	щедър	[ʃtédər]
talentoso	талантлив	[talantlíf]
talento (m)	талант (м)	[talánt]

corajoso	смел	[smel]
coragem (f)	смелост (м)	[smélost]
honesto	честен	[tʃésten]
honestidade (f)	честност (ж)	[tʃéstnost]

prudente	предпазлив	[predpazlív]
valente	храбър	[hrábər]

| sério | сериозен | [seriózen] |
| severo | строг | [strok] |

decidido	решителен	[reʃítelen]
indeciso	нерешителен	[nereʃítelen]
tímido	свенлив	[svenlív]
timidez (f)	свенливост (ж)	[svenlívost]

confiança (f)	доверие (c)	[dovérie]
confiar (vt)	вярвам	[vʲárvam]
crédulo	доверчив	[dovertʃív]

sinceramente	искрено	[ískreno]
sincero	искрен	[ískren]
sinceridade (f)	искреност (ж)	[ískrenost]
aberto	открит	[otkrít]

calmo	тих	[tih]
franco	откровен	[otkrovén]
ingénuo	наивен	[naíven]
distraído	разсеян	[rasséjan]
engraçado	смешен	[sméʃen]

ganância (f)	алчност (ж)	[áltʃnost]
ganancioso	алчен	[áltʃen]
avarento	стиснат	[stísnat]
mau	зъл	[zəl]
teimoso	инат	[inát]
desagradável	неприятен	[neprijáten]

egoísta (m)	егоист (м)	[egoíst]
egoísta	егоистичен	[egoistítʃen]
cobarde (m)	страхливец (м)	[strahlívets]
cobarde	страхлив	[strahlíf]

60. O sono. Sonhos

dormir (vi)	спя	[spʲa]
sono (m)	сън (м)	[sən]
sonho (m)	сън (м)	[sən]
sonhar (vi)	сънувам	[sənúvam]
sonolento	сънен	[sénen]

cama (f)	легло (c)	[legló]
colchão (m)	дюшек (м)	[dʲuʃék]
cobertor (m)	одеяло (c)	[odejálo]
almofada (f)	възглавница (ж)	[vəzglávnitsa]
lençol (m)	чаршаф (м)	[tʃarʃáf]

insónia (f)	безсъние (c)	[bessénie]
insone	безсънен	[bessénen]
sonífero (m)	приспивателно (c)	[prispivátelno]
tomar um sonífero	взимам приспивателно	[vzímam prispivátelno]
estar sonolento	искам да спя	[ískam da spʲa]

bocejar (vi)	прозявам се	[prozʲávam se]
ir para a cama	отивам да спя	[otívam da spʲa]
fazer a cama	оправям легло	[oprávʲam legló]
adormecer (vi)	заспивам	[zaspívam]

pesadelo (m)	кошмар (м)	[koʃmár]
ronco (m)	хъркане (c)	[hə́rkane]
roncar (vi)	хъркам	[hə́rkam]

despertador (m)	будилник (м)	[budílnik]
acordar, despertar (vt)	събудя	[səbúdʲa]
acordar (vi)	събуждам се	[səbúʒdam se]
levantar-se (vr)	ставам	[stávam]
lavar-se (vr)	измивам се	[izmívam se]

61. Humor. Riso. Alegria

humor (m)	хумор (м)	[húmor]
sentido (m) de humor	чувство (ж) за хумор	[ʧústvo za húmor]
divertir-se (vr)	веселя се	[veselʲá se]
alegre	весел	[vései]
alegria (f)	веселба (ж)	[veselbá]

sorriso (m)	усмивка (ж)	[usmífka]
sorrir (vi)	усмихвам се	[usmíhvam se]
começar a rir	засмея се	[zasméja se]
rir (vi)	смея се	[sméja se]
riso (m)	смях (м)	[smʲah]

anedota (f)	виц (м)	[vits]
engraçado	смешен	[sméʃen]
ridículo	смешен	[sméʃen]

brincar, fazer piadas	шегувам се	[ʃegúvam se]
piada (f)	шега (ж)	[ʃegá]
alegria (f)	радост (ж)	[rádost]
regozijar-se (vr)	радвам се	[rádvam se]
alegre	радостен	[rádosten]

62. Discussão, conversação. Parte 1

| comunicação (f) | общуване (c) | [obʃtúvane] |
| comunicar-se (vr) | общувам | [obʃtúvam] |

conversa (f)	разговор (м)	[rázgovor]
diálogo (m)	диалог (м)	[dialók]
discussão (f)	дискусия (ж)	[diskúsija]
debate (m)	спор (м)	[spor]
debater (vt)	споря	[spórʲa]

| interlocutor (m) | събеседник (м) | [səbesédnik] |
| tema (m) | тема (ж) | [téma] |

ponto (m) de vista	гледна точка (ж)	[glédna tótʃka]
opinião (f)	мнение (c)	[mnénie]
discurso (m)	слово (c)	[slóvo]

discussão (f)	обсъждане (c)	[obséʒdane]
discutir (vt)	обсъждам	[obséʒdam]
conversa (f)	беседа (ж)	[beséda]
conversar (vi)	беседвам	[besédvam]
encontro (m)	среща (ж)	[sréʃta]
encontrar-se (vr)	срещам се	[sréʃtam se]

provérbio (m)	пословица (ж)	[poslóvitsa]
ditado (m)	поговорка (ж)	[pogovórka]
adivinha (f)	гатанка (ж)	[gátanka]
dizer uma adivinha	задавам гатанка	[zadávam gátanka]
senha (f)	парола (ж)	[paróla]
segredo (m)	секрет (м)	[sekrét]

juramento (m)	клетва (ж)	[klétva]
jurar (vi)	заклевам се	[zaklévam se]
promessa (f)	обещание (c)	[obeʃtánie]
prometer (vt)	обещавам	[obeʃtávam]

conselho (m)	съвет (м)	[səvét]
aconselhar (vt)	съветвам	[səvétvam]
seguir o conselho	слушам	[slúʃam]

novidade, notícia (f)	новина (ж)	[noviná]
sensação (f)	сензация (ж)	[senzátsija]
informação (f)	сведения (c мн)	[svédenija]
conclusão (f)	извод (м)	[ízvot]
voz (f)	глас (м)	[glas]
elogio (m)	комплимент (м)	[komplimént]
amável	любезен	[lʲubézen]

palavra (f)	дума (ж)	[dúma]
frase (f)	фраза (ж)	[fráza]
resposta (f)	отговор (м)	[ótgovor]

| verdade (f) | истина (ж) | [ístina] |
| mentira (f) | лъжа (ж) | [ləʒá] |

pensamento (m)	мисъл (ж)	[mísəl]
ideia (f)	идея (ж)	[idéja]
fantasia (f)	измислица (ж)	[izmíslitsa]

63. Discussão, conversação. Parte 2

estimado	уважаем	[uvaʒáem]
respeitar (vt)	уважавам	[uvaʒávam]
respeito (m)	уважение (c)	[uvaʒénie]
Estimado ..., Caro ...	Уважаем ...	[uvaʒáem]
apresentar (vt)	запозная	[zapoznája]
travar conhecimento	запознавам се	[zapoznávam se]

intenção (f)	намерение (c)	[namerénie]
tencionar (vt)	каня се	[kánʲa se]
desejo (m)	пожелание (c)	[poʒelánie]
desejar (ex. ~ boa sorte)	пожелая	[poʒelája]

surpresa (f)	учудване (c)	[utʃúdvane]
surpreender (vt)	удивлявам	[udivlʲávam]
surpreender-se (vr)	удивлявам се	[udivlʲávam se]

dar (vt)	дам	[dam]
pegar (tomar)	взема	[vzéma]
devolver (vt)	върна	[vérna]
retornar (vt)	върна	[vérna]

desculpar-se (vr)	извинявам се	[izvinʲávam se]
desculpa (f)	извинение (c)	[izvinénie]
perdoar (vt)	прощавам	[proʃtávam]

falar (vi)	разговарям	[razgovárʲam]
escutar (vt)	слушам	[slúʃam]
ouvir até o fim	изслушам	[isslúʃam]
compreender (vt)	разбера	[razberá]

mostrar (vt)	покажа	[pokáʒa]
olhar para …	гледам	[glédam]
chamar (dizer em voz alta o nome)	повикам	[povíkam]
distrair (vt)	отвличам	[otvlítʃam]
perturbar (vt)	преча	[prétʃa]
entregar (~ em mãos)	предам	[predám]

pedido (m)	молба (ж)	[molbá]
pedir (ex. ~ ajuda)	моля	[mólʲa]
exigência (f)	изискване (c)	[izískvane]
exigir (vt)	изисквам	[izískvam]

chamar nomes (vt)	дразня	[dráznʲa]
zombar (vt)	присмивам се	[prismívam se]
zombaria (f)	подигравка (ж)	[podigráfka]
alcunha (f)	прякор (м)	[prʲákor]

insinuação (f)	намек (м)	[námek]
insinuar (vt)	намеквам	[namékvam]
subentender (vt)	подразбирам	[podrazbíram]

descrição (f)	описание (c)	[opisánie]
descrever (vt)	опиша	[opíʃa]
elogio (m)	похвала (ж)	[pohvála]
elogiar (vt)	похваля	[pohválʲa]

desapontamento (m)	разочарование (c)	[razotʃarovánie]
desapontar (vt)	разочаровам	[razotʃaróvam]
desapontar-se (vr)	разочаровам се	[razotʃaróvam se]

suposição (f)	предположение (c)	[predpoloʒénie]
supor (vt)	предполагам	[pretpolágam]

| advertência (f) | предпазване (c) | [predpázvane] |
| advertir (vt) | предпазя | [pretpázʲa] |

64. Discussão, conversação. Parte 3

| convencer (vt) | уговоря | [ugovórʲa] |
| acalmar (vt) | успокоявам | [uspokojávam] |

silêncio (o ~ é de ouro)	мълчание (c)	[məltʃánie]
ficar em silêncio	мълча	[məltʃá]
sussurrar (vt)	шепна	[ʃépna]
sussurro (m)	шепот (м)	[ʃépot]

| francamente | откровено | [otkrovéno] |
| a meu ver ... | според мен ... | [spóret men] |

detalhe (~ da história)	подробност (ж)	[podróbnost]
detalhado	подробен	[podróben]
detalhadamente	подробно	[podróbno]

| dica (f) | подсказка (ж) | [potskáska] |
| dar uma dica | подскажа | [potskáʒa] |

olhar (m)	поглед (м)	[póglet]
dar uma vista de olhos	погледна	[poglédna]
fixo (olhar ~)	неподвижен	[nepodvíʒen]
piscar (vi)	мигам	[mígam]
pestanejar (vt)	мигна	[mígna]
acenar (com a cabeça)	кимна	[kímna]

suspiro (m)	въздишка (ж)	[vəzdíʃka]
suspirar (vi)	въздъхна	[vəzdéhna]
estremecer (vi)	стряскам се	[strʲáskam se]
gesto (m)	жест (м)	[ʒest]
tocar (com as mãos)	докосна се	[dokósna se]
agarrar (~ pelo braço)	хващам	[hváʃtam]
bater de leve	тупам	[túpam]

Cuidado!	Внимавай!	[vnimávaj]
A sério?	Нима?	[nimá]
Boa sorte!	Късмет!	[kəsmét]
Compreendi!	Ясно!	[jásno]
Que pena!	Жалко!	[ʒálko]

65. Acordo. Recusa

consentimento (~ mútuo)	съгласие (c)	[səglásie]
consentir (vi)	съгласявам се	[səglasʲávam se]
aprovação (f)	одобрение (c)	[odobrénie]
aprovar (vt)	одобря	[odobrʲá]
recusa (f)	отказ (м)	[ótkaz]
negar-se (vt)	отказвам се	[otkázvam se]

Está ótimo!	Отлично!	[otlítʃno]
Muito bem!	Добре!	[dobré]
Está bem! De acordo!	Дадено!	[dádeno]

proibido	забранен	[zabranén]
é proibido	забранено	[zabranéno]
incorreto	грешен	[gréʃen]

rejeitar (~ um pedido)	отклоня	[otklonʲá]
apoiar (vt)	подкрепям	[potkrepʲám]
aceitar (desculpas, etc.)	приема	[priéma]

confirmar (vt)	потвърдя	[potverdʲá]
confirmação (f)	потвърждение (c)	[potverʒdénie]
permissão (f)	разрешение (c)	[razreʃénie]
permitir (vt)	разреша	[razreʃá]
decisão (f)	решение (c)	[reʃénie]
não dizer nada	премълча	[premeltʃá]

condição (com uma ~)	условие (c)	[uslóvie]
pretexto (m)	привидна причина (ж)	[privídna pritʃína]
elogio (m)	похвала (ж)	[pohvála]
elogiar (vt)	похваля	[pohválʲa]

66. Sucesso. Boa sorte. Insucesso

êxito, sucesso (m)	успех (м)	[uspéh]
com êxito	успешно	[uspéʃno]
bem sucedido	успешен	[uspéʃen]

| sorte (fortuna) | сполука (ж) | [spolúka] |
| Boa sorte! | Късмет! | [kəsmét] |

| de sorte | сполучлив | [spolutʃlíf] |
| sortudo, felizardo | успешен | [uspéʃen] |

fracasso (m)	несполука (ж)	[nespolúka]
pouca sorte (f)	несполука (ж)	[nespolúka]
azar (m), má sorte (f)	нещастие (c)	[neʃtástie]

| mal sucedido | несполучлив | [nespolutʃlív] |
| catástrofe (f) | катастрофа (ж) | [katastrófa] |

orgulho (m)	гордост (ж)	[górdost]
orgulhoso	горд	[gort]
estar orgulhoso	гордея се	[gordéja se]

| vencedor (m) | победител (м) | [pobedítel] |
| vencer (vi) | победя | [pobedʲá] |

perder (vt)	загубя	[zagúbʲa]
tentativa (f)	опит (м)	[ópit]
tentar (vt)	опитвам се	[opítvam se]
chance (m)	шанс (м)	[ʃans]

67. Conflitos. Emoções negativas

grito (m)	вик (м)	[vik]
gritar (vi)	викам	[víkam]
começar a gritar	закрещя	[zakreʃˈá]
discussão (f)	караница (ж)	[káranitsa]
discutir (vt)	карам се	[káram se]
escândalo (m)	скандал (м)	[skandál]
criar escândalo	правя скандали	[právʲa skandáli]
conflito (m)	конфликт (м)	[konflíkt]
mal-entendido (m)	недоразумение (с)	[nedorazuménie]
insulto (m)	оскърбление (с)	[oskərblénie]
insultar (vt)	оскърбявам	[oskərbʲávam]
insultado	оскърбен	[oskərbén]
ofensa (f)	обида (ж)	[obída]
ofender (vt)	обидя	[obídʲa]
ofender-se (vr)	обидя се	[obídʲa se]
indignação (f)	възмущение (с)	[vəzmuʃténie]
indignar-se (vr)	възмущавам се	[vəzmuʃtávam se]
queixa (f)	оплакване (с)	[oplákvane]
queixar-se (vr)	оплаквам се	[oplákvam se]
desculpa (f)	извинение (с)	[izvinénie]
desculpar-se (vr)	извинявам се	[izvinʲávam se]
pedir perdão	моля за прошка	[mólʲa za próʃka]
crítica (f)	критика (ж)	[krítika]
criticar (vt)	критикувам	[kritikúvam]
acusação (f)	обвинение (с)	[obvinénie]
acusar (vt)	обвинявам	[obvinʲávam]
vingança (f)	отмъщение (с)	[otməʃténie]
vingar (vt)	отмъщавам	[otməʃtávam]
vingar-se (vr)	отплатя	[otplatʲá]
desprezo (m)	презрение (с)	[prezrénie]
desprezar (vt)	презирам	[prezíram]
ódio (m)	омраза (ж)	[omráza]
odiar (vt)	мразя	[mrázʲa]
nervoso	нервен	[nérven]
estar nervoso	нервирам се	[nervíram se]
zangado	сърдит	[sərdít]
zangar (vt)	разсърдя	[rassérdʲa]
humilhação (f)	унижение (с)	[uniʒénie]
humilhar (vt)	унижавам	[uniʒávam]
humilhar-se (vr)	унижавам се	[uniʒávam se]
choque (m)	шок (м)	[ʃok]
chocar (vt)	шокирам	[ʃokíram]
aborrecimento (m)	неприятност (ж)	[neprijátnost]

desagradável	неприятен	[neprijáten]
medo (m)	страх (м)	[strah]
terrível (tempestade, etc.)	силен	[sílen]
assustador (ex. história ~a)	страшен	[stráʃen]
horror (m)	ужас (м)	[úʒas]
horrível (crime, etc.)	ужасен	[uʒásen]
começar a tremer	затреперя	[zatrepérʲa]
chorar (vi)	плача	[plátʃa]
começar a chorar	заплача	[zaplátʃa]
lágrima (f)	сълза (ж)	[səlzá]
falta (f)	вина (ж)	[viná]
culpa (f)	вина (ж)	[viná]
desonra (f)	позор (м)	[pozór]
protesto (m)	протест (м)	[protést]
stresse (m)	стрес (м)	[stres]
perturbar (vt)	безпокоя	[bespokojá]
zangar-se com ...	ядосвам се	[jadósvam se]
zangado	зъл	[zəl]
terminar (vt)	прекъсвам	[prekésvam]
praguejar	карам се	[káram se]
assustar-se	плаша се	[pláʃa se]
golpear (vt)	удяря	[udárʲa]
brigar (na rua, etc.)	бия се	[bíja se]
resolver (o conflito)	урегулирам	[uregulíram]
descontente	недоволен	[nedovólen]
furioso	яростен	[járosten]
Não está bem!	Това не е хубаво!	[tová ne e húbavo]
É mau!	Това е лошо!	[tová e lóʃo]

Medicina

68. Doenças

doença (f)	болест (ж)	[bólest]
estar doente	боледувам	[boledúvam]
saúde (f)	здраве (с)	[zdráve]
nariz (m) a escorrer	хрема (ж)	[hréma]
amigdalite (f)	ангина (ж)	[angína]
constipação (f)	настинка (ж)	[nastínka]
constipar-se (vr)	настина	[nastína]
bronquite (f)	бронхит (м)	[bronhít]
pneumonia (f)	пневмония (ж)	[pnevmoníja]
gripe (f)	грип (м)	[grip]
míope	късоглед	[kəsoglét]
presbita	далекоглед	[dalekoglét]
estrabismo (m)	кривогледство (с)	[krivoglétstvo]
estrábico	кривоглед	[krivoglét]
catarata (f)	катаракта (ж)	[katarákta]
glaucoma (m)	глаукома (ж)	[glaukóma]
AVC (m), apoplexia (f)	инсулт (м)	[insúlt]
ataque (m) cardíaco	инфаркт (м)	[infárkt]
enfarte (m) do miocárdio	инфаркт (м) на миокарда	[infárkt na miokárda]
paralisia (f)	парализа (ж)	[paráliza]
paralisar (vt)	парализирам	[paralizíram]
alergia (f)	алергия (ж)	[alérgija]
asma (f)	астма (ж)	[ástma]
diabetes (f)	диабет (м)	[diabét]
dor (f) de dentes	зъбобол (м)	[zəboból]
cárie (f)	кариес (м)	[káries]
diarreia (f)	диария (ж)	[diárija]
prisão (f) de ventre	запек (м)	[zápek]
desarranjo (m) intestinal	разстройство (с) на стомаха	[rastrójstvo na stomáha]
intoxicação (f) alimentar	отравяне (с)	[otráv'ane]
intoxicar-se	отровя се	[otróv'a se]
artrite (f)	артрит (м)	[artrít]
raquitismo (m)	рахит (м)	[rahít]
reumatismo (m)	ревматизъм (м)	[revmatízəm]
arteriosclerose (f)	атеросклероза (ж)	[ateroskleróza]
gastrite (f)	гастрит (м)	[gastrít]
apendicite (f)	апандисит (м)	[apandisít]

colecistite (f)	холецистит (м)	[holetsistít]
úlcera (f)	язва (ж)	[jázva]
sarampo (m)	дребна шарка (ж)	[drébna ʃárka]
rubéola (f)	шарка (ж)	[ʃárka]
iterícia (f)	жълтеница (ж)	[ʒəltenítsa]
hepatite (f)	хепатит (м)	[hepatít]
esquizofrenia (f)	шизофрения (ж)	[ʃizofreníja]
raiva (f)	бяс (м)	[bʲas]
neurose (f)	невроза (ж)	[nevróza]
comoção (f) cerebral	сътресение (c) на мозъка	[sətresénie na mózəka]
cancro (m)	рак (м)	[rak]
esclerose (f)	склероза (ж)	[skleróza]
esclerose (f) múltipla	множествена склероза (ж)	[mnóʒestvena skleróza]
alcoolismo (m)	алкохолизъм (м)	[alkoholízəm]
alcoólico (m)	алкохолик (м)	[alkoholík]
sífilis (f)	сифилис (м)	[sífilis]
SIDA (f)	СПИН (м)	[spin]
tumor (m)	тумор (м)	[túmor]
maligno	злокачествен	[zlokátʃestven]
benigno	доброкачествен	[dobrokátʃestven]
febre (f)	треска (ж)	[tréska]
malária (f)	малария (ж)	[malárija]
gangrena (f)	гангрена (ж)	[gangréna]
enjoo (m)	морска болест (ж)	[mórska bólest]
epilepsia (f)	епилепсия (ж)	[epilépsija]
epidemia (f)	епидемия (ж)	[epidémija]
tifo (m)	тиф (м)	[tif]
tuberculose (f)	туберкулоза (ж)	[tuberkulóza]
cólera (f)	холера (ж)	[holéra]
peste (f)	чума (ж)	[ʧúma]

69. Sintomas. Tratamentos. Parte 1

sintoma (m)	симптом (м)	[simptóm]
temperatura (f)	температура (ж)	[temperatúra]
febre (f)	висока температура (ж)	[visóka temperatúra]
pulso (m)	пулс (м)	[puls]
vertigem (f)	световъртеж (м)	[svetovərtéʃ]
quente (testa, etc.)	горещ	[goréʃt]
calafrio (m)	тръпки (ж мн)	[trépki]
pálido	бледен	[bléden]
tosse (f)	кашлица (ж)	[káʃlitsa]
tossir (vi)	кашлям	[káʃlʲam]
espirrar (vi)	кихам	[kíham]
desmaio (m)	припадък (м)	[pripádək]

desmaiar (vi)	припадна	[pripádna]
nódoa (f) negra	синина (ж)	[sininá]
galo (m)	подутина (ж)	[podutiná]
magoar-se (vr)	удaря се	[udárĭa se]
pisadura (f)	натъртване (c)	[natórtvane]
aleijar-se (vr)	удaря се	[udárĭa se]

coxear (vi)	куцам	[kútsam]
deslocação (f)	изкълчване (c)	[iskéltʃvane]
deslocar (vt)	навехна	[navéhna]
fratura (f)	фрактура (ж)	[fraktúra]
fraturar (vt)	счупя	[stʃúpĭa]

corte (m)	порязване (c)	[porĭázvane]
cortar-se (vr)	порежа се	[poréʒa se]
hemorragia (f)	кръвотечение (c)	[krəvotetʃénie]

queimadura (f)	изгаряне (c)	[izgárĭane]
queimar-se (vr)	опаря се	[opárĭa se]

picar (vt)	бодна	[bódna]
picar-se (vr)	убода се	[ubodá se]
lesionar (vt)	нараня	[naranĭá]
lesão (m)	рана (ж)	[rána]
ferida (f), ferimento (m)	рана (ж)	[rána]
trauma (m)	травма (ж)	[trávma]

delirar (vi)	бълнувам	[bəlnúvam]
gaguejar (vi)	заеквам	[zaékvam]
insolação (f)	слънчев удар (м)	[slóntʃev údar]

70. Sintomas. Tratamentos. Parte 2

dor (f)	болка (ж)	[bólka]
farpa (no dedo)	трънче (c)	[tréntʃe]

suor (m)	пот (ж)	[pot]
suar (vi)	потя се	[potĭá se]
vómito (m)	повръщане (c)	[povréʃtane]
convulsões (f pl)	гърчове (м мн)	[gértʃove]

grávida	бременна	[brémenna]
nascer (vi)	родя се	[rodĭá se]
parto (m)	раждане (c)	[ráʒdane]
dar à luz	раждам	[ráʒdam]
aborto (m)	аборт (м)	[abórt]

respiração (f)	дишане (c)	[díʃane]
inspiração (f)	вдишване (c)	[vdíʃvane]
expiração (f)	издишване (c)	[izdíʃvane]
expirar (vi)	издишам	[izdíʃam]
inspirar (vi)	направя вдишване	[naprávĭa vdíʃvane]
inválido (m)	инвалид (м)	[invalít]
aleijado (m)	сакат човек (м)	[sakát tʃovék]

toxicodependente (m)	наркоман (м)	[narkomán]
surdo	глух	[gluh]
mudo	ням	[nʲam]
surdo-mudo	глухоням	[gluhonʲám]

louco (adj.)	луд	[lut]
louco (m)	луд (м)	[lut]
louca (f)	луда (ж)	[lúda]
ficar louco	полудея	[poludéja]

gene (m)	ген (м)	[gen]
imunidade (f)	имунитет (м)	[imunitét]
hereditário	наследствен	[naslétstven]
congénito	вроден	[vrodén]

vírus (m)	вирус (м)	[vírus]
micróbio (m)	микроб (м)	[mikróp]
bactéria (f)	бактерия (ж)	[baktérija]
infeção (f)	инфекция (ж)	[inféktsija]

71. Sintomas. Tratamentos. Parte 3

hospital (m)	болница (ж)	[bólnitsa]
paciente (m)	пациент (м)	[patsiént]

diagnóstico (m)	диагноза (ж)	[diagnóza]
cura (f)	лекуване (с)	[lekúvane]
tratamento (m) médico	лекуване (с)	[lekúvane]
curar-se (vr)	лекувам се	[lekúvam se]
tratar (vt)	лекувам	[lekúvam]
cuidar (pessoa)	грижа се	[gríʒa se]
cuidados (m pl)	грижа (ж)	[gríʒa]

operação (f)	операция (ж)	[operátsija]
enfaixar (vt)	превържа	[prevérʒa]
enfaixamento (m)	превързване (с)	[prevérzvane]

vacinação (f)	ваксиниране (с)	[vaksinírane]
vacinar (vt)	ваксинирам	[vaksiníram]
injeção (f)	инжекция (ж)	[inʒéktsija]
dar uma injeção	инжектирам	[inʒektíram]

ataque (~ de asma, etc.)	пристъп, припадък (м)	[prístəp], [pripadək]
amputação (f)	ампутация (ж)	[amputátsija]
amputar (vt)	ампутирам	[amputíram]
coma (f)	кома (ж)	[kóma]
estar em coma	намирам се в кома	[namíram se v kóma]
reanimação (f)	реанимация (ж)	[reanimátsija]

recuperar-se (vr)	оздравявам	[ozdravʲávam]
estado (~ de saúde)	състояние (с)	[səstojánie]
consciência (f)	съзнание (с)	[səznánie]
memória (f)	памет (ж)	[pámet]
tirar (vt)	вадя	[vádʲa]

| chumbo (m), obturação (f) | пломба (ж) | [plómba] |
| chumbar, obturar (vt) | пломбирам | [plombíram] |

| hipnose (f) | хипноза (ж) | [hipnóza] |
| hipnotizar (vt) | хипнотизирам | [hipnotizíram] |

72. Médicos

médico (m)	лекар (м)	[lékar]
enfermeira (f)	медицинска сестра (ж)	[meditsínska sestrá]
médico (m) pessoal	личен лекар (м)	[líʧen lékar]

dentista (m)	зъболекар (м)	[zəbolékar]
oculista (m)	очен лекар (м)	[óʧen lékar]
terapeuta (m)	терапевт (м)	[terapéft]
cirurgião (m)	хирург (м)	[hirúrk]

psiquiatra (m)	психиатър (м)	[psihiátər]
pediatra (m)	педиатър (м)	[pediátər]
psicólogo (m)	психолог (м)	[psiholók]
ginecologista (m)	гинеколог (м)	[glnekolók]
cardiologista (m)	кардиолог (м)	[kardiolók]

73. Medicina. Drogas. Acessórios

medicamento (m)	лекарство (с)	[lekárstvo]
remédio (m)	средство (с)	[srétstvo]
receitar (vt)	предпиша	[pretpíʃa]
receita (f)	рецепта (ж)	[retsépta]

comprimido (m)	таблетка (ж)	[tablétka]
pomada (f)	мехлем (м)	[mehlém]
ampola (f)	ампула (ж)	[ampúla]

preparado (m)	микстура (ж)	[mikstúra]
xarope (m)	сироп (м)	[siróp]
cápsula (f)	хапче (с)	[hápʧe]
remédio (m) em pó	прах (м)	[prah]

ligadura (f)	бинт (м)	[bint]
algodão (m)	памук (м)	[pamúk]
iodo (m)	йод (м)	[jot]

penso (m) rápido	пластир (м)	[plastír]
conta-gotas (m)	капкомер (м)	[kapkomér]
termómetro (m)	термометър (м)	[termométər]
seringa (f)	спринцовка (ж)	[sprintsófka]

cadeira (f) de rodas	инвалидна количка (ж)	[invalídna kolíʧka]
muletas (f pl)	патерици (ж мн)	[páteritsi]
analgésico (m)	обезболяващо средство (с)	[obezbol'ávaʃto srétstvo]

laxante (m)	очистително (c)	[otʃistítelno]
álcool (m) etílico	спирт (м)	[spirt]
ervas (f pl) medicinais	билка (ж)	[bílka]
de ervas (chá ~)	билков	[bílkov]

74. Fumar. Produtos tabágicos

tabaco (m)	тютюн (м)	[tʲutʲún]
cigarro (m)	цигара (ж)	[tsigára]
charuto (m)	пура (ж)	[púra]
cachimbo (m)	лула (ж)	[lulá]
maço (~ de cigarros)	кутия (ж)	[kutíja]

fósforos (m pl)	кибрит (м)	[kibrít]
caixa (f) de fósforos	кибритена кутийка (ж)	[kibrítena kutíjka]
isqueiro (m)	запалка (ж)	[zapálka]
cinzeiro (m)	пепелник (м)	[pepelník]
cigarreira (f)	табакера (ж)	[tabakéra]

| boquilha (f) | мундщук (м) | [mundʃtúk] |
| filtro (m) | филтър (м) | [fíltər] |

fumar (vi, vt)	пуша	[púʃa]
acender um cigarro	запаля	[zapálʲa]
tabagismo (m)	пушене (c)	[púʃene]
fumador (m)	пушач (м)	[puʃátʃ]

beata (f)	фас (м)	[fas]
fumo (m)	пушек (м)	[púʃek]
cinza (f)	пепел (ж)	[pépel]

HABITAT HUMANO

Cidade

75. Cidade. Vida na cidade

cidade (f)	град (м)	[grat]
capital (f)	столица (ж)	[stólitsa]
aldeia (f)	село (с)	[sélo]
mapa (m) da cidade	план (м) на града	[plan na gradá]
centro (m) da cidade	център (м) на града	[tséntər na gradá]
subúrbio (m)	предградие (с)	[predgrádie]
suburbano	крайградски	[krajgrátski]
periferia (f)	покрайнина (ж)	[pokrajniná]
arredores (m pl)	околности (мн)	[okólnosti]
quarteirão (m)	квартал (м)	[kvartál]
quarteirão (m) residencial	жилищен квартал (м)	[ʒíliʃten kvartál]
tráfego (m)	движение (с)	[dviʒénie]
semáforo (m)	светофар (м)	[svetofár]
transporte (m) público	градски транспорт (м)	[grátski transpórt]
cruzamento (m)	кръстовище (с)	[krəstóviʃte]
passadeira (f)	зебра (ж)	[zébra]
passagem (f) subterrânea	подлез (м)	[pódlez]
cruzar, atravessar (vt)	пресичам	[presíʧam]
peão (m)	пешеходец (м)	[peʃehódets]
passeio (m)	тротоар (м)	[trotoár]
ponte (f)	мост (м)	[most]
margem (f) do rio	кей (м)	[kej]
fonte (f)	фонтан (м)	[fontán]
alameda (f)	алея (ж)	[aléja]
parque (m)	парк (м)	[park]
bulevar (m)	булевард (м)	[bulevárt]
praça (f)	площад (м)	[ploʃtát]
avenida (f)	авеню (с)	[avenʲú]
rua (f)	улица (ж)	[úlitsa]
travessa (f)	пресечка (ж)	[presétʧka]
beco (m) sem saída	задънена улица (ж)	[zadénena úlitsa]
casa (f)	къща (ж)	[kéʃta]
edifício, prédio (m)	сграда (ж)	[zgráda]
arranha-céus (m)	небостъргач (м)	[nebostərgátʃ]
fachada (f)	фасада (ж)	[fasáda]
telhado (m)	покрив (м)	[pókriv]

janela (f)	прозорец (м)	[prozórets]
arco (m)	арка (ж)	[árka]
coluna (f)	колона (ж)	[kolóna]
esquina (f)	ъгъл (м)	[ə́gəl]

montra (f)	витрина (ж)	[vitrína]
letreiro (m)	табела (ж)	[tabéla]
cartaz (m)	афиш (м)	[afíʃ]
cartaz (m) publicitário	постер (м)	[póster]
painel (m) publicitário	билборд (м)	[bilbórt]

lixo (m)	боклук (м)	[boklúk]
cesta (f) do lixo	кошче (с)	[kóʃtʃe]
jogar lixo na rua	правя боклук	[práv'a boklúk]
aterro (m) sanitário	сметище (с)	[smétiʃte]

cabine (f) telefónica	телефонна будка (ж)	[telefónna bútka]
candeeiro (m) de rua	стълб (м) с фенер	[stəlp s fenér]
banco (m)	пейка (ж)	[péjka]

polícia (m)	полицай (м)	[politsáj]
polícia (instituição)	полиция (ж)	[polítsija]
mendigo (m)	сиромах (м)	[siromáh]
sem-abrigo (m)	бездомник (м)	[bezdómnik]

76. Instituições urbanas

loja (f)	магазин (м)	[magazín]
farmácia (f)	аптека (ж)	[aptéka]
ótica (f)	оптика (ж)	[óptika]
centro (m) comercial	търговски център (м)	[tərgófski tséntər]
supermercado (m)	супермаркет (м)	[supermárket]

padaria (f)	хлебарница (ж)	[hlebárnitsa]
padeiro (m)	фурнаджия (ж)	[furnadʒíja]
pastelaria (f)	сладкарница (ж)	[slatkárnitsa]
mercearia (f)	бакалия (ж)	[bakalíja]
talho (m)	месарница (ж)	[mesárnitsa]

loja (f) de legumes	магазин (м) за плодове и зеленчуци	[magazín za plodové i zelentʃútsi]
mercado (m)	пазар (м)	[pazár]

café (m)	кафене (с)	[kafené]
restaurante (m)	ресторант (м)	[restoránt]
bar (m), cervejaria (f)	бирария (ж)	[birárija]
pizzaria (f)	пицария (ж)	[pitsaríja]

salão (m) de cabeleireiro	фризьорски салон (м)	[friz'órski salón]
correios (m pl)	поща (ж)	[póʃta]
lavandaria (f)	химическо чистене (с)	[himítʃesko tʃístene]
estúdio (m) fotográfico	фотостудио (с)	[fotostúdio]
sapataria (f)	магазин (м) за обувки	[magazín za obúfki]
livraria (f)	книжарница (ж)	[kniʒárnitsa]

loja (f) de artigos de desporto	магазин (м) за спортни стоки	[magazín za spórtni stóki]
reparação (f) de roupa	поправка (ж) на дрехи	[popráfka na dréhi]
aluguer (m) de roupa	дрехи (ж мн) под наем	[dréhi pot náem]
aluguer (m) de filmes	филми (м мн) под наем	[fílmi pot náem]
circo (m)	цирк (м)	[tsirk]
jardim (m) zoológico	зоологическа градина (ж)	[zoologítʃeska gradína]
cinema (m)	кино (с)	[kíno]
museu (m)	музей (м)	[muzéj]
biblioteca (f)	библиотека (ж)	[bibliotéka]
teatro (m)	театър (м)	[teátər]
ópera (f)	опера (ж)	[ópera]
clube (m) noturno	нощен клуб (м)	[nóʃten klup]
casino (m)	казино (с)	[kazíno]
mesquita (f)	джамия (ж)	[dʒamíja]
sinagoga (f)	синагога (ж)	[sinagóga]
catedral (f)	катедрала (ж)	[katedrála]
templo (m)	храм (м)	[hram]
igreja (f)	църква (ж)	[tsərkva]
instituto (m)	институт (м)	[institút]
universidade (f)	университет (м)	[universitét]
escola (f)	училище (с)	[utʃíliʃte]
prefeitura (f)	префектура (ж)	[prefektúra]
câmara (f) municipal	кметство (с)	[kmétstvo]
hotel (m)	хотел (м)	[hotél]
banco (m)	банка (ж)	[bánka]
embaixada (f)	посолство (с)	[posólstvo]
agência (f) de viagens	туристическа агенция (ж)	[turistítʃeska agéntsija]
agência (f) de informações	справки (м мн)	[spráfki]
casa (f) de câmbio	обменно бюро (с)	[obménno bʲúro]
metro (m)	метро (с)	[metró]
hospital (m)	болница (ж)	[bólnitsa]
posto (m) de gasolina	бензиностанция (ж)	[benzino·stántsija]
parque (m) de estacionamento	паркинг (м)	[párking]

77. Transportes urbanos

autocarro (m)	автобус (м)	[aftobús]
elétrico (m)	трамвай (м)	[tramváj]
troleicarro (m)	тролей (м)	[troléj]
itinerário (m)	маршрут (м)	[marʃrút]
número (m)	номер (м)	[nómer]
ir de … (carro, etc.)	пътувам с …	[pətúvam s]
entrar (~ no autocarro)	качвам се в …	[kátʃvam se v]
descer de …	сляза от …	[slʲáza ot]

paragem (f)	спирка (ж)	[spírka]
próxima paragem (f)	следваща спирка (ж)	[slédvaʃta spírka]
ponto (m) final	последна спирка (ж)	[poslédna spírka]
horário (m)	разписание (c)	[raspisánie]
esperar (vt)	чакам	[tʃákam]

| bilhete (m) | билет (м) | [bilét] |
| custo (m) do bilhete | цена (ж) на билета | [tsená na biléta] |

bilheteiro (m)	касиер (м)	[kasiér]
controlo (m) dos bilhetes	контрола (ж)	[kontróla]
revisor (m)	контрольор (м)	[kontrolʲór]

atrasar-se (vr)	закъснявам	[zakəsnʲávam]
perder (o autocarro, etc.)	закъснея за ...	[zakəsnéja za]
estar com pressa	бързам	[bérzam]

táxi (m)	такси (c)	[taksí]
taxista (m)	таксиметров шофьор (м)	[taksimétrof ʃofʲór]
de táxi (ir ~)	с такси	[s taksí]
praça (f) de táxis	пиаца (ж) на такси	[piátsa na taksí]
chamar um táxi	извикам такси	[izvíkam taksí]
apanhar um táxi	взема такси	[vzéma taksí]

tráfego (m)	улично движение (c)	[úlitʃno dviʒénie]
engarrafamento (m)	задръстване (c)	[zadréstvane]
horas (f pl) de ponta	час пик (м)	[tʃas pík]
estacionar (vi)	паркирам се	[parkíram se]
estacionar (vt)	паркирам	[párkiram]
parque (m) de estacionamento	паркинг (м)	[párking]

metro (m)	метро (c)	[metró]
estação (f)	станция (ж)	[stántsija]
ir de metro	пътувам с метро	[pətúvam s metró]
comboio (m)	влак (м)	[vlak]
estação (f)	гара (ж)	[gára]

78. Turismo

monumento (m)	паметник (м)	[pámetnik]
fortaleza (f)	крепост (ж)	[krépost]
palácio (m)	дворец (м)	[dvoréts]
castelo (m)	замък (м)	[zámək]
torre (f)	кула (ж)	[kúla]
mausoléu (m)	мавзолей (м)	[mavzoléj]

arquitetura (f)	архитектура (ж)	[arhitektúra]
medieval	средновековен	[srednovekóven]
antigo	старинен	[starínen]
nacional	национален	[natsionálen]
conhecido	известен	[izvésten]

| turista (m) | турист (м) | [turíst] |
| guia (pessoa) | гид (м) | [git] |

excursão (f)	екскурзия (ж)	[ekskúrzija]
mostrar (vt)	показвам	[pokázvam]
contar (vt)	разказвам	[raskázvam]
encontrar (vt)	намеря	[namérⁱa]
perder-se (vr)	загуба се	[zagúbⁱa se]
mapa (~ do metrô)	схема (ж)	[shéma]
mapa (~ da cidade)	план (м)	[plan]
lembrança (f), presente (m)	сувенир (м)	[suvenír]
loja (f) de presentes	сувенирен магазин (м)	[suveníren magazín]
fotografar (vt)	снимам	[snímam]
fotografar-se	снимам се	[snímam se]

79. Compras

comprar (vt)	купувам	[kupúvam]
compra (f)	покупка (ж)	[pokúpka]
fazer compras	пазарувам	[pazarúvam]
compras (f pl)	пазаруване (с)	[pazarúvane]
estar aberta (loja, etc.)	работя	[rabótⁱa]
estar fechada	затваря се	[zatvárⁱa se]
calçado (m)	обувки (ж мн)	[obúfki]
roupa (f)	облекло (с)	[obleklǿ]
cosméticos (m pl)	козметика (ж)	[kozmétika]
alimentos (m pl)	продукти (м мн)	[prodúkti]
presente (m)	подарък (м)	[podárǝk]
vendedor (m)	продавач (м)	[prodaváʧ]
vendedora (f)	продавачка (ж)	[prodaváʧka]
caixa (f)	каса (ж)	[kása]
espelho (m)	огледало (с)	[ogledálo]
balcão (m)	щанд (м)	[ʃtant]
cabine (f) de provas	пробна (ж)	[próbna]
provar (vt)	пробвам	[próbvam]
servir (vi)	подхождам	[podhǿʒdam]
gostar (apreciar)	харесвам	[harésvam]
preço (m)	цена (ж)	[tsená]
etiqueta (f) de preço	етикет (м)	[etikét]
custar (vt)	струвам	[strúvam]
Quanto?	Колко?	[kólko]
desconto (m)	намаление (с)	[namalénie]
não caro	нескъп	[neskǽp]
barato	евтин	[éftin]
caro	скъп	[skǝp]
É caro	Това е скъпо	[tová e skǿpo]
aluguer (m)	под наем (м)	[pot náem]
alugar (vestidos, etc.)	взимам под наем	[vzímam pot náem]

| crédito (m) | кредит (м) | [krédit] |
| a crédito | на кредит | [na krédit] |

80. Dinheiro

dinheiro (m)	пари (мн)	[parí]
câmbio (m)	обмяна (ж)	[obmʲána]
taxa (f) de câmbio	курс (м)	[kurs]
Caixa Multibanco (m)	банкомат (м)	[bankomát]
moeda (f)	монета (ж)	[monéta]

| dólar (m) | долар (м) | [dólar] |
| euro (m) | евро (c) | [évro] |

lira (f)	лира (ж)	[líra]
marco (m)	марка (ж)	[márka]
franco (m)	франк (м)	[frank]
libra (f) esterlina	британска лира (ж)	[británska líra]
iene (m)	йена (ж)	[jéna]

dívida (f)	дълг (м)	[dǝlk]
devedor (m)	длъжник (м)	[dləʒník]
emprestar (vt)	давам на заем	[dávam na záem]
pedir emprestado	взема на заем	[vzéma na záem]

banco (m)	банка (ж)	[bánka]
conta (f)	сметка (ж)	[smétka]
depositar (vt)	депозирам	[depozíram]
depositar na conta	внеса в сметка	[vnesá v smétka]
levantar (vt)	тегля от сметката	[téglʲa ot smétkata]

cartão (m) de crédito	кредитна карта (ж)	[kréditna kárta]
dinheiro (m) vivo	налични пари (мн)	[nalítʃni parí]
cheque (m)	чек (м)	[tʃek]
passar um cheque	подпиша чек	[potpíʃa tʃek]
livro (m) de cheques	чекова книжка (ж)	[tʃékova kníʃka]

carteira (f)	портфейл (м)	[portféjl]
porta-moedas (m)	портмоне (c)	[portmoné]
cofre (m)	сейф (м)	[sejf]

herdeiro (m)	наследник (м)	[naslédnik]
herança (f)	наследство (c)	[naslétstvo]
fortuna (riqueza)	състояние (c)	[səstojánie]

arrendamento (m)	наем (м)	[náem]
renda (f) de casa	наем (м)	[náem]
alugar (vt)	наемам	[naémam]

preço (m)	цена (ж)	[tsená]
custo (m)	стойност (ж)	[stójnost]
soma (f)	сума (ж)	[súma]
gastar (vt)	харча	[hártʃa]
gastos (m pl)	разходи (м мн)	[ráshodi]

| economizar (vi) | пестя | [pestʲá] |
| economico | пестелив | [pestelíf] |

pagar (vt)	плащам	[pláʃtam]
pagamento (m)	плащане (c)	[pláʃtane]
troco (m)	ресто (c)	[résto]

imposto (m)	данък (м)	[dánək]
multa (f)	глоба (ж)	[glóba]
multar (vt)	глобявам	[globʲávam]

81. Correios. Serviço postal

correios (m pl)	поща (ж)	[póʃta]
correio (m)	поща (ж)	[póʃta]
carteiro (m)	пощальон (м)	[poʃtalʲón]
horário (m)	работно време (c)	[rabótno vréme]

carta (f)	писмо (c)	[pismó]
carta (f) registada	препоръчано писмо (c)	[preporétʃano pismó]
postal (m)	картичка (ж)	[kártitʃka]
telegrama (m)	телеграма (ж)	[telegráma]
encomenda (f) postal	колет (м)	[kolét]
remessa (f) de dinheiro	паричен превод (м)	[parítʃen prévot]

receber (vt)	получа	[polútʃa]
enviar (vt)	изпратя	[isprátʲa]
envio (m)	изпращане (c)	[ispráʃtane]

endereço (m)	адрес (м)	[adrés]
código (m) postal	пощенски код (м)	[póʃtenski kot]
remetente (m)	подател (м)	[podátel]
destinatário (m)	получател (м)	[polutʃátel]

| nome (m) | име (c) | [íme] |
| apelido (m) | фамилия (ж) | [famílija] |

tarifa (f)	тарифа (ж)	[tarífa]
ordinário	обикновен	[obiknovén]
economico	икономичен	[ikonomítʃen]

peso (m)	тегло (c)	[tegló]
pesar (estabelecer o peso)	претеглям	[pretéglʲam]
envelope (m)	плик (м)	[plik]
selo (m)	марка (ж)	[márka]

Moradia. Casa. Lar

82. Casa. Habitação

casa (f)	къща (ж)	[kéʃta]
em casa	вкъщи	[fkéʃti]
pátio (m)	двор (м)	[dvor]
cerca (f)	ограда (ж)	[ográda]
tijolo (m)	тухла (ж)	[túhla]
de tijolos	тухлен	[túhlen]
pedra (f)	камък (м)	[kámək]
de pedra	каменен	[kámenen]
betão (m)	бетон (м)	[betón]
de betão	бетонен	[betónen]
novo	нов	[nov]
velho	стар	[star]
decrépito	вехт	[veht]
moderno	съвременен	[səvrémenen]
de muitos andares	многоетажен	[mnogoetáʒen]
alto	висок	[visók]
andar (m)	етаж (м)	[etáʃ]
de um andar	едноетажен	[ednoetáʒen]
andar (m) de baixo	долен етаж (м)	[dólen etáʃ]
andar (m) de cima	горен етаж (м)	[góren etáʃ]
telhado (m)	покрив (м)	[pókriv]
chaminé (f)	тръба (ж)	[trəbá]
telha (f)	керемида (ж)	[keremída]
de telha	керемиден	[keremíden]
sótão (m)	таван (м)	[taván]
janela (f)	прозорец (м)	[prozórets]
vidro (m)	стъкло (с)	[stəkló]
parapeito (m)	перваз (м) за прозорец	[pervás za prozórets]
portadas (f pl)	капаци (м мн)	[kapátsi]
parede (f)	стена (ж)	[stená]
varanda (f)	балкон (м)	[balkón]
tubo (m) de queda	улук (м)	[ulúk]
em cima	горе	[góre]
subir (~ as escadas)	качвам се	[kátʃvam se]
descer (vi)	слизам	[slízam]
mudar-se (vr)	премествам се	[preméstvam se]

83. Casa. Entrada. Elevador

entrada (f)	вход (м)	[vhot]
escada (f)	стълба (ж)	[stólba]
degraus (m pl)	стъпала (c мн)	[stəpála]
corrimão (m)	парапет (м)	[parapét]
hall (m) de entrada	хол (м)	[hol]
caixa (f) de correio	пощенска кутия (ж)	[póʃtenska kutíja]
caixote (m) do lixo	контейнер (м) за отпадъци	[kontéjner za otpádətsi]
conduta (f) do lixo	шахта (ж) за боклук	[ʃáhta za boklúk]
elevador (m)	асансьор (м)	[asansʲór]
elevador (m) de carga	товарен асансьор (м)	[továren asansʲór]
cabine (f)	кабина (ж)	[kabína]
pegar o elevador	возя се в асансьора	[vózʲa se v asansʲóra]
apartamento (m)	апартамент (м)	[apartamént]
moradores (m pl)	живущи (м мн)	[ʒivúʃti]
vizinho (m)	съсед (м)	[səsét]
vizinha (f)	съседка (ж)	[səsétka]
vizinhos (pl)	съседи (м мн)	[səsédi]

84. Casa. Portas. Fechaduras

porta (f)	врата (ж)	[vratá]
portão (m)	порта (ж)	[pórta]
maçaneta (f)	дръжка (ж)	[dréʃka]
destrancar (vt)	отключа	[otklʲúʧa]
abrir (vt)	отварям	[otvárʲam]
fechar (vt)	затварям	[zatvárʲam]
chave (f)	ключ (м)	[klʲuʧ]
molho (m)	връзка (ж)	[vréska]
ranger (vi)	скърцам	[skértsam]
rangido (m)	скърцане (c)	[skértsane]
dobradiça (f)	панта (ж)	[pánta]
tapete (m) de entrada	килимче (c)	[kilímʧe]
fechadura (f)	брава (ж)	[bráva]
buraco (m) da fechadura	ключалка (ж)	[klʲuʧálka]
ferrolho (m)	резе (c)	[rezé]
fecho (ferrolho pequeno)	резе (c)	[rezé]
cadeado (m)	катинар (м)	[katinár]
tocar (vt)	звъня	[zvənʲá]
toque (m)	звънец (м)	[zvənéts]
campainha (f)	звънец (м)	[zvənéts]
botão (m)	бутон (м)	[butón]
batida (f)	чукане (c)	[ʧúkane]
bater (vi)	чукам	[ʧúkam]
código (m)	код (м)	[kot]
fechadura (f) de código	брава (ж) с код	[bráva s kot]

telefone (m) de porta	домофон (м)	[domofón]
número (m)	номер (м)	[nómer]
placa (f) de porta	табелка (ж)	[tabélka]
vigia (f), olho (m) mágico	шпионка (ж)	[ʃpiónka]

85. Casa de campo

| aldeia (f) | село (с) | [sélo] |
| horta (f) | зеленчукова градина (ж) | [zelentʃúkova gradína] |

cerca (f)	ограда (ж)	[ográda]
paliçada (f)	плет (м)	[plet]
cancela (f) do jardim	вратичка (ж) на ограда	[vratítʃka na ográda]

celeiro (m)	хамбар (м)	[hambár]
adega (f)	мазе (с)	[mazé]
galpão, barracão (m)	плевня (ж)	[plévnʲa]
poço (m)	кладенец (м)	[kládenets]

| fogão (m) | печка (ж) | [pétʃka] |
| atiçar o fogo | паля | [pálʲa] |

| lenha (carvão ou ~) | дърва (мн) | [dərvá] |
| acha (lenha) | цепеница (ж) | [tsépenitsa] |

varanda (f)	веранда (ж)	[veránda]
alpendre (m)	тераса (ж)	[terása]
degraus (m pl) de entrada	стъпала (с мн)	[stəpála]
balouço (m)	люлка (ж)	[lʲúlka]

86. Castelo. Palácio

castelo (m)	замък (м)	[záмək]
palácio (m)	дворец (м)	[dvoréts]
fortaleza (f)	крепост (ж)	[krépost]

muralha (f)	стена (ж)	[stená]
torre (f)	кула (ж)	[kúla]
calabouço (m)	главна кула (ж)	[glávna kúla]

grade (f) levadiça	подемна врата (ж)	[podémna vratá]
passagem (f) subterrânea	подземен проход (м)	[podzémen próhot]
fosso (m)	ров (м)	[rov]

| corrente, cadeia (f) | верига (ж) | [veríga] |
| seteira (f) | бойница (ж) | [bojnítsa] |

| magnífico | великолепен | [velikolépen] |
| majestoso | величествен | [velítʃestven] |

| inexpugnável | непристъпен | [nepristópen] |
| medieval | средновековен | [srednovekóven] |

87. Apartamento

apartamento (m)	апартамент (м)	[apartamént]
quarto (m)	стая (ж)	[stája]
quarto (m) de dormir	спалня (ж)	[spálnʲa]
sala (f) de jantar	столова (ж)	[stolová]
sala (f) de estar	гостна (ж)	[góstna]
escritório (m)	кабинет (м)	[kabinét]
antessala (f)	антре (с)	[antré]
quarto (m) de banho	баня (ж)	[bánʲa]
toilette (lavabo)	тоалетна (ж)	[toalétna]
teto (m)	таван (м)	[taván]
chão, soalho (m)	под (м)	[pot]
canto (m)	ъгъл (м)	[éɡəl]

88. Apartamento. Limpeza

arrumar, limpar (vt)	подреждам	[podréʒdam]
pó (m)	прах (м)	[prah]
empoeirado	прашен	[práʃen]
limpar o pó	изтривам прах	[istrívam prah]
aspirador (m)	прахосмукачка (ж)	[praho·smukátʃka]
aspirar (vt)	почиствам с прахосмукачка	[potʃístvam s praho·smukátʃka]
varrer (vt)	мета	[metá]
sujeira (f)	боклук (м)	[boklúk]
arrumação (f), ordem (f)	ред (м)	[ret]
desordem (f)	безпорядък (м)	[besporʲádək]
esfregão (m)	четка (ж) за под	[tʃétka za pot]
pano (m), trapo (m)	парцал (м)	[partsál]
vassoura (f)	метла (ж)	[metlá]
pá (f) de lixo	лопатка (ж) за боклук	[lopátka za boklúk]

89. Mobiliário. Interior

mobiliário (m)	мебели (мн)	[mébeli]
mesa (f)	маса (ж)	[mása]
cadeira (f)	стол (м)	[stol]
cama (f)	легло (с)	[legló]
divã (m)	диван (м)	[diván]
cadeirão (m)	фотьойл (м)	[fotʲójl]
estante (f)	книжен шкаф (м)	[kníʒen ʃkaf]
prateleira (f)	рафт (м)	[raft]
guarda-vestidos (m)	гардероб (м)	[garderóp]
cabide (m) de parede	закачалка (ж)	[zakatʃálka]

cabide (m) de pé	закачалка (ж)	[zakatʃálka]
cómoda (f)	скрин (м)	[skrin]
mesinha (f) de centro	малка масичка (ж)	[málka másitʃka]

espelho (m)	огледало (с)	[ogledálo]
tapete (m)	килим (м)	[kilím]
tapete (m) pequeno	килимче (с)	[kilímtʃe]

lareira (f)	камина (ж)	[kamína]
vela (f)	свещ (м)	[sveʃt]
castiçal (m)	свещник (м)	[svéʃtnik]

cortinas (f pl)	пердета (с мн)	[perdéta]
papel (m) de parede	тапети (м мн)	[tapéti]
estores (f pl)	щора (ж)	[ʃtóra]

candeeiro (m) de mesa	лампа (ж) за маса	[lámpa za mása]
candeeiro (m) de parede	светилник (м)	[svetílnik]
candeeiro (m) de pé	лампион (м)	[lampión]
lustre (m)	полилей (м)	[poliléj]

pé (de mesa, etc.)	крак (м)	[krak]
braço (m)	подлакътник (м)	[podlákətnik]
costas (f pl)	облегалка (ж)	[oblegálka]
gaveta (f)	чекмедже (с)	[tʃekmedʒé]

90. Quarto de dormir

roupa (f) de cama	спално бельо (с)	[spálno belʲó]
almofada (f)	възглавница (ж)	[vəzglávnitsa]
fronha (f)	калъфка (ж)	[kaléfka]
cobertor (m)	одеяло (с)	[odejálo]
lençol (m)	чаршаф (м)	[tʃarʃáf]
colcha (f)	завивка (ж)	[zavífka]

91. Cozinha

cozinha (f)	кухня (ж)	[kúhnʲa]
gás (m)	газ (м)	[gas]
fogão (m) a gás	газова печка (ж)	[gázova pétʃka]
fogão (m) elétrico	електрическа печка (ж)	[elektrítʃeska pétʃka]
forno (m)	фурна (ж)	[fúrna]
forno (m) de micro-ondas	микровълнова печка (ж)	[mikrovélnova pétʃka]

frigorífico (m)	хладилник (м)	[hladílnik]
congelador (m)	фризер (м)	[frízer]
máquina (f) de lavar louça	съдомиялна машина (ж)	[sədomijálna maʃína]

moedor (m) de carne	месомелачка (ж)	[meso·melátʃka]
espremedor (m)	сокоизстисквачка (ж)	[soko·isstiskvátʃka]
torradeira (f)	тостер (м)	[tóster]
batedeira (f)	миксер (м)	[míkser]

máquina (f) de café	кафеварка (ж)	[kafevárka]
cafeteira (f)	кафеник (м)	[kafeník]
moinho (m) de café	кафемелачка (ж)	[kafe·melátʃka]

chaleira (f)	чайник (м)	[tʃájnik]
bule (m)	чайник (м)	[tʃájnik]
tampa (f)	капачка (ж)	[kapátʃka]
coador (m) de chá	цедка (ж)	[tsétka]

colher (f)	лъжица (ж)	[ləʒítsa]
colher (f) de chá	чаена лъжица (ж)	[tʃáena ləʒítsa]
colher (f) de sopa	супена лъжица (ж)	[súpena ləʒítsa]
garfo (m)	вилица (ж)	[vílitsa]
faca (f)	нож (м)	[noʒ]

louça (f)	съдове (м мн)	[sédove]
prato (m)	чиния (ж)	[tʃiníja]
pires (m)	малка чинийка (ж)	[málka tʃiníjka]

cálice (m)	чашка (ж)	[tʃáʃka]
copo (m)	чаша (ж)	[tʃáʃa]
chávena (f)	чаша (ж)	[tʃáʃa]

açucareiro (m)	захарница (ж)	[zaharnítsa]
saleiro (m)	солница (ж)	[solnítsa]
pimenteiro (m)	пиперница (ж)	[pipérnitsa]
manteigueira (f)	съд (м) за краве масло	[sət za kráve masló]

panela, caçarola (f)	тенджера (ж)	[téndʒera]
frigideira (f)	тиган (м)	[tigán]
concha (f)	черпак (м)	[tʃerpák]
passador (m)	гевгир (м)	[gevgír]
bandeja (f)	табла (ж)	[tábla]

garrafa (f)	бутилка (ж)	[butílka]
boião (m) de vidro	буркан (м)	[burkán]
lata (f)	тенекия (ж)	[tenekíja]

abre-garrafas (m)	отварачка (ж)	[otvarátʃka]
abre-latas (m)	отварачка (ж)	[otvarátʃka]
saca-rolhas (m)	тирбушон (м)	[tirbuʃón]
filtro (m)	филтър (м)	[fíltər]
filtrar (vt)	филтрирам	[filtríram]

| lixo (m) | боклук (м) | [boklúk] |
| balde (m) do lixo | кофа (ж) за боклук | [kófa za boklúk] |

92. Casa de banho

quarto (m) de banho	баня (ж)	[bánʲa]
água (f)	вода (ж)	[vodá]
torneira (f)	смесител (м)	[smesítel]
água (f) quente	топла вода (ж)	[tópla vodá]
água (f) fria	студена вода (ж)	[studéna vodá]

pasta (f) de dentes	паста (ж) за зъби	[pásta za zébi]
escovar os dentes	мия си зъбите	[míja si zébite]
escova (f) de dentes	четка (ж) за зъби	[tʃétka za zébi]

barbear-se (vr)	бръсна се	[brésna se]
espuma (f) de barbear	пяна (ж) за бръснене	[pʲána za brésnene]
máquina (f) de barbear	бръснач (м)	[brəsnátʃ]

lavar (vt)	мия	[míja]
lavar-se (vr)	мия се	[míja se]
duche (m)	душ (м)	[duʃ]
tomar um duche	взeмам душ	[vzémam duʃ]

banheira (f)	вана (ж)	[vána]
sanita (f)	тоалетна чиния (ж)	[toalétna tʃiníja]
lavatório (m)	мивка (ж)	[mífka]

| sabonete (m) | сапун (м) | [sapún] |
| saboneteira (f) | сапуниерка (ж) | [sapuniérka] |

esponja (f)	гъба (ж)	[gə́ba]
champô (m)	шампоан (м)	[ʃampoán]
toalha (f)	кърпа (ж)	[kérpa]
roupão (m) de banho	хавлиен халат (м)	[havlíen halát]

lavagem (f)	пране (с)	[prané]
máquina (f) de lavar	перална машина (ж)	[perálna maʃína]
lavar a roupa	пера	[perá]
detergente (m)	прах (м) за пране	[prah za prané]

93. Eletrodomésticos

televisor (m)	телевизор (м)	[televízor]
gravador (m)	касетофон (м)	[kasetofón]
videogravador (m)	видео (с)	[vídeo]
rádio (m)	радиоприемник (м)	[radio·priémnik]
leitor (m)	плейър (м)	[pléər]

projetor (m)	прожекционен апарат (м)	[proʒektsiónen aparát]
cinema (m) em casa	домашно кино (с)	[domáʃno kíno]
leitor (m) de DVD	DVD плейър (м)	[dividí pléər]
amplificador (m)	усилвател (м)	[usilvátel]
console (f) de jogos	игрова приставка (ж)	[igrová pristáfka]

câmara (f) de vídeo	видеокамера (ж)	[video·kámera]
máquina (f) fotográfica	фотоапарат (м)	[fotoaparát]
câmara (f) digital	цифров фотоапарат (м)	[tsífrov fotoaparát]

aspirador (m)	прахосмукачка (ж)	[praho·smukátʃka]
ferro (m) de engomar	ютия (ж)	[jutíja]
tábua (f) de engomar	дъска (ж) за гладене	[dəská za gládene]

| telefone (m) | телефон (м) | [telefón] |
| telemóvel (m) | мобилен телефон (м) | [mobílen telefón] |

| máquina (f) de escrever | пишеща машинка (ж) | [píʃeʃta maʃínka] |
| máquina (f) de costura | шевна машина (ж) | [ʃévna maʃína] |

microfone (m)	микрофон (м)	[mikrofón]
auscultadores (m pl)	слушалки (ж мн)	[sluʃálki]
controlo remoto (m)	пулт (м)	[pult]

CD (m)	CD диск (м)	[sidí disk]
cassete (f)	касета (ж)	[kaséta]
disco (m) de vinil	плоча (ж)	[plóʧa]

94. Reparações. Renovação

renovação (f)	ремонт (м)	[remónt]
renovar (vt), fazer obras	правя ремонт	[právʲa remónt]
reparar (vt)	ремонтирам	[remontíram]
consertar (vt)	подреждам	[podréʒdam]
refazer (vt)	преправям	[preprávʲam]

tinta (f)	боя (ж)	[bojá]
pintar (vt)	боядисвам	[bojadísvam]
pintor (m)	бояджия (м)	[bojadʒíja]
pincel (m)	четка (ж)	[ʧétka]

| cal (f) | вар (ж) | [var] |
| caiar (vt) | варосвам | [varósvam] |

papel (m) de parede	тапети (м мн)	[tapéti]
colocar papel de parede	слагам тапети	[slágam tapéti]
verniz (m)	лак (м)	[lak]
envernizar (vt)	лакирам	[lakíram]

95. Canalizações

água (f)	вода (ж)	[vodá]
água (f) quente	топла вода (ж)	[tópla vodá]
água (f) fria	студена вода (ж)	[studéna vodá]
torneira (f)	смесител (м)	[smesítel]

gota (f)	капка (ж)	[kápka]
gotejar (vi)	капя	[kápʲa]
vazar (vt)	тека	[teká]
vazamento (m)	теч (ж)	[teʧ]
poça (f)	локва (ж)	[lókva]

tubo (m)	тръба (ж)	[trəbá]
válvula (f)	вентил (м)	[véntil]
entupir-se (vr)	запуша се	[zapúʃa se]

ferramentas (f pl)	инструменти (м мн)	[instruménti]
chave (f) inglesa	раздвижен ключ (м)	[razdvíʒen klʲutʃ]
desenroscar (vt)	отвъртам	[otvértam]

enroscar (vt)	завъртам	[zavértam]
desentupir (vt)	отпушвам	[otpúʃvam]
canalizador (m)	водопроводчик (м)	[vodoprovóttʃik]
cave (f)	мазе (c)	[mazé]
sistema (m) de esgotos	канализация (ж)	[kanalizátsija]

96. Fogo. Deflagração

incêndio (m)	огън (м)	[ógən]
chama (f)	пламък (м)	[plámək]
faísca (f)	искра (ж)	[iskrá]
fumo (m)	пушек (м)	[púʃek]
tocha (f)	факел (м)	[fákel]
fogueira (f)	клада (ж)	[kláda]

gasolina (f)	бензин (м)	[benzín]
querosene (m)	газ (м)	[gas]
inflamável	горивен	[goríven]
explosivo	взривоопасен	[vzrivoopásen]
PROIBIDO FUMAR!	ПУШЕНЕТО ЗАБРАНЕНО!	[puʃenéto zabráneno]

segurança (f)	безопасност (ж)	[bezopásnost]
perigo (m)	опасност (ж)	[opásnost]
perigoso	опасен	[opásen]

incendiar-se (vr)	запаля се	[zapálʲa se]
explosão (f)	експлозия (ж)	[eksplózija]
incendiar (vt)	подпаля	[podpálʲa]
incendiário (m)	подпалвач (м)	[podpalvátʃ]
incêndio (m) criminoso	подпалване (c)	[podpálvane]

arder (vi)	пламтя	[plamtʲá]
queimar (vi)	горя	[gorʲá]
queimar tudo (vi)	изгоря	[izgorʲá]

bombeiro (m)	пожарникар (м)	[poʒarnikár]
carro (m) de bombeiros	пожарна кола (ж)	[poʒárna kolá]
corpo (m) de bombeiros	пожарен екип (м)	[poʒáren ekíp]
escada (f) extensível	пожарна стълба (ж)	[poʒárna stélba]

mangueira (f)	маркуч (м)	[markútʃ]
extintor (m)	пожарогасител (м)	[poʒarogasítel]
capacete (m)	каска (ж)	[káska]
sirene (f)	сирена (ж)	[siréna]

gritar (vi)	викам	[víkam]
chamar por socorro	викам за помощ	[víkam za pómoʃt]
salvador (m)	спасител (м)	[spasítel]
salvar, resgatar (vt)	спасявам	[spasʲávam]

chegar (vi)	пристигна	[pristígna]
apagar (vt)	загасявам	[zagasʲávam]
água (f)	вода (ж)	[vodá]
areia (f)	пясък (м)	[pʲásək]

ruínas (f pl)	руини (мн)	[ruiní]
ruir (vi)	рухна	[rúhna]
desmoronar (vi)	срутя се	[srútʲa se]
desabar (vi)	съборя се	[səbórʲa se]

| fragmento (m) | отломка (ж) | [otlómka] |
| cinza (f) | пепел (ж) | [pépel] |

| sufocar (vi) | задуша се | [zaduʃá se] |
| perecer (vi) | загина | [zagína] |

ATIVIDADES HUMANAS

Emprego. Negócios. Parte 1

97. Banca

banco (m)	банка (ж)	[bánka]
sucursal, balcão (f)	клон (м)	[klon]
consultor (m)	консултант (м)	[konsultánt]
gerente (m)	управител (м)	[uprávitel]
conta (f)	сметка (ж)	[smétka]
número (m) da conta	номер (м) на сметка	[nómer na smétka]
conta (f) corrente	текуща сметка (ж)	[tekúʃta smétka]
conta (f) poupança	спестовна сметка (ж)	[spestóvna smétka]
abrir uma conta	откривам сметка	[otkrívam smétka]
fechar uma conta	закривам сметка	[zakrívam smétka]
depositar na conta	депозирам в сметка	[depozíram f smétka]
levantar (vt)	тегля от сметката	[téglʲa ot smétkata]
depósito (m)	влог (м)	[vlok]
fazer um depósito	направя влог	[naprávʲa vlok]
transferência (f) bancária	превод (м)	[prévot]
transferir (vt)	направя превод	[naprávʲa prévot]
soma (f)	сума (ж)	[súma]
Quanto?	Колко?	[kólko]
assinatura (f)	подпис (м)	[pótpis]
assinar (vt)	подпиша	[potpíʃa]
cartão (m) de crédito	кредитна карта (ж)	[kréditna kárta]
código (m)	код (м)	[kot]
número (m)	номер (м)	[nómer
do cartão de crédito	на кредитна карта	na kréditna kárta]
Caixa Multibanco (m)	банкомат (м)	[bankomát]
cheque (m)	чек (м)	[tʃek]
passar um cheque	подпиша чек	[potpíʃa tʃek]
livro (m) de cheques	чекова книжка (ж)	[tʃékova kníʃka]
empréstimo (m)	кредит (м)	[krédit]
pedir um empréstimo	кандидатствам за кредит	[kandidátstvam za krédit]
obter um empréstimo	взимам кредит	[vzímam krédit]
conceder um empréstimo	предоставям кредит	[predostávʲam krédit]
garantia (f)	гаранция (ж)	[garántsija]

98. Telefone. Conversação telefónica

telefone (m)	телефон (м)	[telefón]
telemóvel (m)	мобилен телефон (м)	[mobílen telefón]
secretária (f) electrónica	телефонен секретар (м)	[telefónen sekretár]

fazer uma chamada	обаждам се	[obáʒdam se]
chamada (f)	обаждане (c)	[obáʒdane]

marcar um número	набирам номер	[nabíram nómer]
Alô!	Ало!	[álo]
perguntar (vt)	питам	[pítam]
responder (vt)	отговарям	[otgovárʲam]

ouvir (vt)	чувам	[ʧúvam]
bem	добре	[dobré]
mal	лошо	[lóʃo]
ruído (m)	шумове (м мн)	[ʃúmove]

auscultador (m)	слушалка (ж)	[sluʃálka]
pegar o telefone	вдигам слушалката	[vdígam sluʃálkata]
desligar (vi)	затварям телефона	[zatvárʲam telefóna]

ocupado	заета	[zaéta]
tocar (vi)	звъня	[zvənʲá]
lista (f) telefónica	телефонен справочник (м)	[telefónen spravóʧnik]

local	селищен	[séliʃten]
chamada (f) local	селищен разговор (м)	[séliʃten rázgovor]
de longa distância	междуградски	[meʒdugrátski]
chamada (f) de longa distância	междуградски разговор (м)	[meʒdugrátski rázgovor]
internacional	международен	[meʒdunaróden]
chamada (f) internacional	международен разговор (м)	[meʒdunaróden rázgovor]

99. Telefone móvel

telemóvel (m)	мобилен телефон (м)	[mobílen telefón]
ecrã (m)	дисплей (м)	[displéj]
botão (m)	бутон (м)	[butón]
cartão SIM (m)	SIM-карта (ж)	[sim-kárta]

bateria (f)	батерия (ж)	[batérija]
descarregar-se	изтощавам	[iztoʃtávam]
carregador (m)	зареждащо устройство (c)	[zaréʒdaʃto ustrójstvo]

menu (m)	меню (c)	[menʲú]
definições (f pl)	настройки (ж мн)	[nastrójki]
melodia (f)	мелодия (ж)	[melódija]
escolher (vt)	избера	[izberá]
calculadora (f)	калкулатор (м)	[kalkulátor]
correio (m) de voz	телефонен секретар (м)	[telefónen sekretár]

despertador (m)	будилник (м)	[budílnik]
contatos (m pl)	телефонен справочник (м)	[telefónen spravótʃnik]
mensagem (f) de texto	SMS съобщение (c)	[esemés səobʃténie]
assinante (m)	абонат (м)	[abonát]

100. Estacionário

caneta (f)	химикалка (ж)	[himikálka]
caneta (f) tinteiro	перодръжка (ж)	[perodréʒka]
lápis (m)	молив (м)	[móliv]
marcador (m)	маркер (м)	[márker]
caneta (f) de feltro	флумастер (м)	[flumáster]
bloco (m) de notas	тефтер (м)	[teftér]
agenda (f)	ежедневник (м)	[eʒednévnik]
régua (f)	линийка (ж)	[línijka]
calculadora (f)	калкулатор (м)	[kalkulátor]
borracha (f)	гума (ж)	[gúma]
pionés (m)	кабърче (c)	[kábərtʃe]
clipe (m)	кламер (м)	[klámer]
cola (f)	лепило (c)	[lepílo]
agrafador (m)	телбод (м)	[telbót]
furador (m)	перфоратор (м)	[perforátor]
afia-lápis (m)	острилка (ж)	[ostrílka]

Emprego. Negócios. Parte 2

101. Media

jornal (m)	вестник (м)	[vésnik]
revista (f)	списание (c)	[spisánie]
imprensa (f)	преса (ж)	[présa]
rádio (m)	радио (c)	[rádio]
estação (f) de rádio	радиостанция (ж)	[radiostántsija]
televisão (f)	телевизия (ж)	[televízija]
apresentador (m)	водещ (м)	[vódeʃt]
locutor (m)	диктор (м)	[díktor]
comentador (m)	коментатор (м)	[komentátor]
jornalista (m)	журналист (м)	[ʒurnalíst]
correspondente (m)	кореспондент (м)	[korespondént]
repórter (m) fotográfico	фотокореспондент (м)	[foto·korespondént]
repórter (m)	репортер (м)	[reportér]
redator (m)	редактор (м)	[redáktor]
redator-chefe (m)	главен редактор (м)	[gláven redáktor]
assinar a ...	абонирам се	[aboníram se]
assinatura (f)	абониране (c)	[abonírane]
assinante (m)	абонат (м)	[abonát]
ler (vt)	чета	[tʃeta]
leitor (m)	читател (м)	[tʃitátel]
tiragem (f)	тираж (м)	[tiráʒ]
mensal	месечен	[mésetʃen]
semanal	седмичен	[sédmitʃen]
número (jornal, revista)	брой (м)	[broj]
recente	последен	[posléden]
manchete (f)	заглавие (c)	[zaglávie]
pequeno artigo (m)	кратка статия (ж)	[krátka státija]
coluna (~ semanal)	рубрика (ж)	[rúbrika]
artigo (m)	статия (ж)	[státija]
página (f)	страница (ж)	[stránitsa]
reportagem (f)	репортаж (м)	[reportáʒ]
evento (m)	събитие (c)	[səbítie]
sensação (f)	сензация (ж)	[senzátsija]
escândalo (m)	скандал (м)	[skandál]
escandaloso	скандален	[skandálen]
grande	голям (скандал)	[goĺám skandál]
programa (m) de TV	предаване (c)	[predávane]
entrevista (f)	интервю (c)	[intervʲú]

transmissão (f) em direto	пряко предаване (c)	[pri̯áko predávane]
canal (m)	канал (м)	[kanál]

102. Agricultura

agricultura (f)	селско стопанство (c)	[sélsko stopánstvo]
camponês (m)	селянин (м)	[séli̯anin]
camponesa (f)	селянка (ж)	[séli̯anka]
agricultor (m)	фермер (м)	[férmer]

trator (m)	трактор (м)	[tráktor]
ceifeira-debulhadora (f)	комбайн (м)	[kombájn]

arado (m)	плуг (м)	[pluk]
arar (vt)	ора	[orá]
campo (m) lavrado	разорана нива (ж)	[razorána níva]
rego (m)	бразда (ж)	[brazdá]

semear (vt)	сея	[séja]
semeadora (f)	сеялка (ж)	[sejálka]
semeadura (f)	сеитба (ж)	[seídba]

gadanha (f)	коса (ж)	[kosá]
gadanhar (vt)	кося	[kosi̯á]

pá (f)	лопата (ж)	[lopáta]
cavar (vt)	копая	[kopája]

enxada (f)	мотика (ж)	[motíka]
carpir (vt)	плевя	[plevi̯á]
erva (f) daninha	плевел (м)	[plével]

regador (m)	лейка (ж)	[léjka]
regar (vt)	поливам	[polívam]
rega (f)	поливане (c)	[polívane]

forquilha (f)	вила (ж)	[víla]
ancinho (m)	гребло (c)	[grebló]

fertilizante (m)	тор (м)	[tor]
fertilizar (vt)	наторявам	[natori̯ávam]
estrume (m)	оборски тор (м)	[obórski tor]

campo (m)	поле (c)	[polé]
prado (m)	ливада (ж)	[liváda]
horta (f)	зеленчукова градина (ж)	[zelentʃúkova gradína]
pomar (m)	градина (ж)	[gradína]

pastar (vt)	паса	[pasá]
pastor (m)	пастир (м)	[pastír]
pastagem (f)	пасище (c)	[pásiʃte]

pecuária (f)	животновъдство (c)	[ʒivotnovétstvo]
criação (f) de ovelhas	овцевъдство (c)	[ovtsevétstvo]

plantação (f)	плантация (ж)	[plantátsija]
canteiro (m)	леха (ж)	[lehá]
invernadouro (m)	парник (м)	[párnik]

| seca (f) | суша (ж) | [súʃa] |
| seco (verão ~) | сушав | [súʃav] |

| cereais (m pl) | зърнени култури (мн) | [zárneni kultúri] |
| colher (vt) | събирам | [səbíram] |

moleiro (m)	воденичар (с)	[vodenitʃár]
moinho (m)	воденица (ж)	[vodenítsa]
moer (vt)	меля зърно	[mélʲa zérno]
farinha (f)	брашно (с)	[braʃnó]
palha (f)	слама (ж)	[sláma]

103. Construção. Processo de construção

canteiro (m) de obras	строеж (м)	[stroéʃ]
construir (vt)	строя	[strojá]
construtor (m)	строител (м)	[stroítel]

projeto (m)	проект (м)	[proékt]
arquiteto (m)	архитект (м)	[arhitékt]
operário (m)	работник (м)	[rabótnik]

fundação (f)	фундамент (м)	[fundamént]
telhado (m)	покрив (м)	[pókriv]
estaca (f)	пилот (м)	[pilót]
parede (f)	стена (ж)	[stená]

| varões (m pl) para betão | арматура (ж) | [armatúra] |
| andaime (m) | скеле (с) | [skéle] |

betão (m)	бетон (м)	[betón]
granito (m)	гранит (м)	[granít]
pedra (f)	камък (м)	[kámək]
tijolo (m)	тухла (ж)	[túhla]

areia (f)	пясък (м)	[pʲásək]
cimento (m)	цимент (м)	[tsimént]
emboço (m)	мазилка (ж)	[mazílka]
emboçar (vt)	слагам мазилка	[slágam mazílka]

tinta (f)	боя (ж)	[bojá]
pintar (vt)	боядисвам	[bojadísvam]
barril (m)	бъчва (ж)	[bétʃva]

grua (f), guindaste (m)	кран (м)	[kran]
erguer (vt)	вдигам	[vdígam]
baixar (vt)	спускам	[spúskam]

| buldózer (m) | булдозер (м) | [buldózer] |
| escavadora (f) | екскаватор (м) | [ekskavátor] |

caçamba (f)	кофа (ж)	[kófa]
escavar (vt)	копая	[kopája]
capacete (m) de proteção	каска (ж)	[káska]

Profissões e ocupações

104. Procura de emprego. Demissão

trabalho (m)	работа (ж)	[rábota]
equipa (f)	щат (м)	[ʃtat]

carreira (f)	кариера (ж)	[kariéra]
perspetivas (f pl)	перспектива (ж)	[perspektíva]
mestria (f)	майсторство (c)	[májstorstvo]

seleção (f)	подбиране (c)	[podbírane]
agência (f) de emprego	агенция (ж) за подбор на персонал	[agéntsija za podbór na personál]
CV, currículo (m)	резюме (c)	[rezʲumé]
entrevista (f) de emprego	интервю (c)	[intervʲú]
vaga (f)	вакантно място (c)	[vakántno mʲásto]

salário (m)	работна заплата (ж)	[rabótna zapláta]
pagamento (m)	плащане (c)	[pláʃtane]

posto (m)	длъжност (ж)	[dléʒnost]
dever (do empregado)	задължение (c)	[zadəʒénie]
gama (f) de deveres	кръг (м)	[krək]
ocupado	зает	[zaét]

despedir, demitir (vt)	уволня	[uvolnʲá]
demissão (f)	уволнение (c)	[uvolnénie]

desemprego (m)	безработица (ж)	[bezrabótitsa]
desempregado (m)	безработен човек (м)	[bezrabóten ʧovék]
reforma (f)	пенсия (ж)	[pénsija]
reformar-se	пенсионирам се	[pensioníram se]

105. Gente de negócios

diretor (m)	директор (м)	[diréktor]
gerente (m)	управител (м)	[uprávitel]
patrão, chefe (m)	ръководител (м)	[rəkovodítel]

superior (m)	началник (м)	[naʧálnik]
superiores (m pl)	началство (c)	[naʧálstvo]
presidente (m)	президент (м)	[prezidént]
presidente (m) de direção	председател (м)	[pretsedátel]

substituto (m)	заместник (м)	[zamésnik]
assistente (m)	помощник (м)	[pomóʃtnik]
secretário (m)	секретар (м)	[sekretár]

secretário (m) pessoal	личен секретар (м)	[lítʃen sekretár]
homem (m) de negócios	бизнесмен (м)	[biznesmén]
empresário (m)	предприемач (м)	[predpriemátʃ]
fundador (m)	основател (м)	[osnovátel]
fundar (vt)	основа	[osnová]

fundador, sócio (m)	учредител (м)	[utʃredítel]
parceiro, sócio (m)	партньор (м)	[partnʲór]
acionista (m)	акционер (м)	[aktsionér]

milionário (m)	милионер (м)	[milionér]
bilionário (m)	милиардер (м)	[miliardér]
proprietário (m)	собственик (м)	[sóbstvenik]
proprietário (m) de terras	земевладелец (м)	[zemevladélets]

cliente (m)	клиент (м)	[kliént]
cliente (m) habitual	постоянен клиент (м)	[postojánen kliént]
comprador (m)	купувач (м)	[kupuvátʃ]
visitante (m)	посетител (м)	[posetítel]

profissional (m)	професионалист (м)	[profesialíst]
perito (m)	експерт (м)	[ekspért]
especialista (m)	специалист (м)	[spetsialíst]

| banqueiro (m) | банкер (м) | [bankér] |
| corretor (m) | брокер (м) | [bróker] |

caixa (m, f)	касиер (м)	[kasiér]
contabilista (m)	счетоводител (м)	[stʃetovodítel]
guarda (m)	охранител (м)	[ohranítel]

investidor (m)	инвеститор (м)	[investítor]
devedor (m)	длъжник (м)	[dləʒník]
credor (m)	кредитор (м)	[kredítor]
mutuário (m)	заемател (м)	[zaemátel]

| importador (m) | вносител (м) | [vnosítel] |
| exportador (m) | износител (м) | [iznosítel] |

produtor (m)	производител (м)	[proizvodítel]
distribuidor (m)	дистрибутор (м)	[distribútor]
intermediário (m)	посредник (м)	[posrédnik]

consultor (m)	консултант (м)	[konsultánt]
representante (m)	представител (м)	[pretstávitel]
agente (m)	агент (м)	[agént]
agente (m) de seguros	застрахователен агент (м)	[zastrahovátelen agent]

106. Profissões de serviços

cozinheiro (m)	готвач (м)	[gotvátʃ]
cozinheiro chefe (m)	главен готвач (м)	[gláven gotvátʃ]
padeiro (m)	фурнаджия (ж)	[furnadʒíja]
barman (m)	барман (м)	[bárman]

| empregado (m) de mesa | сервитьор (м) | [servitʲór] |
| empregada (f) de mesa | сервитьорка (ж) | [servitʲórka] |

advogado (m)	адвокат (м)	[advokát]
jurista (m)	юрист (м)	[juríst]
notário (m)	нотариус (м)	[notárius]

eletricista (m)	монтьор (м)	[montʲór]
canalizador (m)	водопроводчик (м)	[vodoprovóttʃik]
carpinteiro (m)	дърводелец (м)	[dərvodélets]

massagista (m)	масажист (м)	[masaʒíst]
massagista (f)	масажистка (ж)	[masaʒístka]
médico (m)	лекар (м)	[lékar]

taxista (m)	таксиметров шофьор (м)	[taksimétrof ʃofʲór]
condutor (automobilista)	шофьор (м)	[ʃofʲór]
entregador (m)	куриер (м)	[kuriér]

camareira (f)	камериерка (ж)	[kameriérka]
guarda (m)	охранител (м)	[ohranítel]
hospedeira (f) de bordo	стюардеса (ж)	[stʲuardésa]

professor (m)	учител (м)	[utʃítel]
bibliotecário (m)	библиотекар (м)	[bibliotekár]
tradutor (m)	преводач (м)	[prevodátʃ]
intérprete (m)	преводач (м)	[prevodátʃ]
guia (pessoa)	гид (м)	[git]

cabeleireiro (m)	фризьор (м)	[frizʲór]
carteiro (m)	пощальон (м)	[poʃtalʲón]
vendedor (m)	продавач (м)	[prodavátʃ]

jardineiro (m)	градинар (м)	[gradinár]
criado (m)	слуга (м)	[slugá]
criada (f)	слугиня (ж)	[slugínʲa]
empregada (f) de limpeza	чистачка (ж)	[tʃistátʃka]

107. Profissões militares e postos

soldado (m) raso	редник (м)	[rédnik]
sargento (m)	сержант (м)	[serʒánt]
tenente (m)	лейтенант (м)	[lejtenánt]
capitão (m)	капитан (м)	[kapitán]

major (m)	майор (м)	[majór]
coronel (m)	полковник (м)	[polkóvnik]
general (m)	генерал (м)	[generál]
marechal (m)	маршал (м)	[márʃal]
almirante (m)	адмирал (м)	[admirál]

militar (m)	военен (м)	[voénen]
soldado (m)	войник (м)	[vojník]
oficial (m)	официер (м)	[ofitsér]

comandante (m)	командир (м)	[komandír]
guarda (m) fronteiriço	митничар (м)	[mitnitʃár]
operador (m) de rádio	радист (м)	[radíst]
explorador (m)	разузнавач (м)	[razuznavátʃ]
sapador (m)	сапьор (м)	[sapjór]
atirador (m)	стрелец (м)	[streléts]
navegador (m)	щурман (м)	[ʃtúrman]

108. Oficiais. Padres

rei (m)	крал (м)	[kral]
rainha (f)	кралица (ж)	[kralítsa]
príncipe (m)	принц (м)	[prints]
princesa (f)	принцеса (ж)	[printsésa]
czar (m)	цар (м)	[tsar]
czarina (f)	царица (ж)	[tsarítsa]
presidente (m)	президент (м)	[prezidént]
ministro (m)	министър (м)	[minístər]
primeiro-ministro (m)	министър-председател (м)	[minístər-pretsedátel]
senador (m)	сенатор (м)	[senátor]
diplomata (m)	дипломат (м)	[diplomát]
cônsul (m)	консул (м)	[kónsul]
embaixador (m)	посланик (м)	[poslánik]
conselheiro (m)	съветник (м)	[səvétnik]
funcionário (m)	чиновник (м)	[tʃinóvnik]
prefeito (m)	префект (м)	[prefékt]
Presidente (m) da Câmara	кмет (м)	[kmet]
juiz (m)	съдия (м)	[sədijá]
procurador (m)	прокурор (м)	[prokurór]
missionário (m)	мисионер (м)	[misionér]
monge (m)	монах (м)	[monáh]
abade (m)	абат (м)	[abát]
rabino (m)	равин (м)	[ravín]
vizir (m)	везир (м)	[vezír]
xá (m)	шах (м)	[ʃah]
xeque (m)	шейх (м)	[ʃejh]

109. Profissões agrícolas

apicultor (m)	пчеловъд (м)	[ptʃelovét]
pastor (m)	пастир (м)	[pastír]
agrónomo (m)	агроном (м)	[agronóm]
criador (m) de gado	животновъд (м)	[ʒivotnovét]
veterinário (m)	ветеринар (м)	[veterinár]

agricultor (m)	фермер (м)	[férmer]
vinicultor (m)	винар (м)	[vinár]
zoólogo (m)	зоолог (м)	[zoolók]
cowboy (m)	каубой (м)	[káuboj]

110. Profissões artísticas

| ator (m) | актьор (м) | [aktjór] |
| atriz (f) | актриса (ж) | [aktrísa] |

| cantor (m) | певец (м) | [pevéts] |
| cantora (f) | певица (ж) | [pevítsa] |

| bailarino (m) | танцьор (м) | [tantsʲór] |
| bailarina (f) | танцьорка (ж) | [tantsʲórka] |

| artista (m) | артист (м) | [artíst] |
| artista (f) | артистка (ж) | [artístka] |

músico (m)	музикант (м)	[muzikánt]
pianista (m)	пианист (м)	[planíst]
guitarrista (m)	китарист (м)	[kitaríst]

maestro (m)	диригент (м)	[dirigént]
compositor (m)	композитор (м)	[kompozítor]
empresário (m)	импресарио (м)	[impresário]

realizador (m)	режисьор (м)	[reʒisʲór]
produtor (m)	продуцент (м)	[produtsént]
argumentista (m)	сценарист (м)	[stsenaríst]
crítico (m)	критик (м)	[kritík]

escritor (m)	писател (м)	[pisátel]
poeta (m)	поет (м)	[poét]
escultor (m)	скулптор (м)	[skúlptor]
pintor (m)	художник (м)	[hudóʒnik]

malabarista (m)	жонгльор (м)	[ʒonglʲór]
palhaço (m)	клоун (м)	[klóun]
acrobata (m)	акробат (м)	[akrobát]
mágico (m)	фокусник (м)	[fókusnik]

111. Várias profissões

médico (m)	лекар (м)	[lékar]
enfermeira (f)	медицинска сестра (ж)	[meditsínska sestrá]
psiquiatra (m)	психиатър (м)	[psihiátər]
estomatologista (m)	стоматолог (м)	[stomatolók]
cirurgião (m)	хирург (м)	[hirúrk]

| astronauta (m) | астронавт (м) | [astronáft] |
| astrónomo (m) | астроном (м) | [astronóm] |

motorista (m)	шофьор (м)	[ʃofʲór]
maquinista (m)	машинист (м)	[maʃiníst]
mecânico (m)	механик (м)	[mehánik]

mineiro (m)	миньор (м)	[minʲór]
operário (m)	работник (м)	[rabótnik]
serralheiro (m)	шлосер (м)	[ʃlóser]
marceneiro (m)	дърводелец (м)	[dərvodélets]
torneiro (m)	стругар (м)	[strugár]
construtor (m)	строител (м)	[stroítel]
soldador (m)	заварчик (м)	[zavártʃik]

professor (m) catedrático	професор (м)	[profésor]
arquiteto (m)	архитект (м)	[arhitékt]
historiador (m)	историк (м)	[istorík]
cientista (m)	учен (м)	[útʃen]
físico (m)	физик (м)	[fizík]
químico (m)	химик (м)	[himík]

arqueólogo (m)	археолог (м)	[arheolók]
geólogo (m)	геолог (м)	[geolók]
pesquisador (cientista)	изследовател (м)	[issledovátel]

| babysitter (f) | детегледачка (ж) | [detegledátʃka] |
| professor (m) | учител, педагог (м) | [utʃítel], [pedagók] |

redator (m)	редактор (м)	[redáktor]
redator-chefe (m)	главен редактор (м)	[gláven redáktor]
correspondente (m)	кореспондент (м)	[korespondént]
datilógrafa (f)	машинописка (ж)	[maʃinopíska]

designer (m)	дизайнер (м)	[dizájner]
especialista (m) em informática	компютърен специалист (м)	[kompʲútəren spetsialíst]
programador (m)	програмист (м)	[programíst]
engenheiro (m)	инженер (м)	[inʒenér]

marujo (m)	моряк (м)	[morʲák]
marinheiro (m)	матрос (м)	[matrós]
salvador (m)	спасител (м)	[spasítel]

bombeiro (m)	пожарникар (м)	[poʒarnikár]
polícia (m)	полицай (м)	[politsáj]
guarda-noturno (m)	пазач (м)	[pazátʃ]
detetive (m)	детектив (м)	[detektíf]

funcionário (m) da alfândega	митничар (м)	[mitnitʃár]
guarda-costas (m)	телохранител (с)	[telohranítel]
guarda (m) prisional	надзирател (м)	[nadzirátel]
inspetor (m)	инспектор (м)	[inspéktor]

desportista (m)	спортист (м)	[sportíst]
treinador (m)	треньор (м)	[trenʲór]
talhante (m)	месар (м)	[mesár]
sapateiro (m)	обущар (м)	[obuʃtár]
comerciante (m)	търговец (м)	[tərgóvets]

carregador (m)	хамалин (м)	[hamálin]
estilista (m)	моделиер (м)	[modeliér]
modelo (f)	модел (м)	[modél]

112. Ocupações. Estatuto social

| aluno, escolar (m) | ученик (м) | [utʃeník] |
| estudante (~ universitária) | студент (м) | [studént] |

filósofo (m)	философ (м)	[filosóf]
economista (m)	икономист (м)	[ikonomíst]
inventor (m)	изобретател (м)	[izobretátel]

desempregado (m)	безработен човек (м)	[bezrabóten tʃovék]
reformado (m)	пенсионер (м)	[pensionér]
espião (m)	шпионин (м)	[ʃpiónin]

preso (m)	затворник (м)	[zatvórnik]
grevista (m)	стачник (м)	[státʃnik]
burocrata (m)	бюрократ (м)	[bʲurokrát]
viajante (m)	пътешественик (м)	[pəteʃéstvenik]

homossexual (m)	хомосексуалист (м)	[homoseksualíst]
hacker (m)	хакер (м)	[háker]
hippie	хипи (м)	[hípi]

bandido (m)	бандит (м)	[bandít]
assassino (m) a soldo	наемен убиец (м)	[naémen ubíets]
toxicodependente (m)	наркоман (м)	[narkomán]
traficante (m)	наркотрафикант (м)	[narkotrafikánt]
prostituta (f)	проститутка (ж)	[prostitútka]
chulo (m)	сутеньор (м)	[sutenʲór]

bruxo (m)	магьосник (м)	[magʲósnik]
bruxa (f)	магьосница (ж)	[magʲósnitsa]
pirata (m)	пират (м)	[pirát]
escravo (m)	роб (м)	[rop]
samurai (m)	самурай (м)	[samuráj]
selvagem (m)	дивак (м)	[divák]

Desportos

113. Tipos de desportos. Desportistas

desportista (m)	спортист (м)	[sportíst]
tipo (m) de desporto	вид (м) спорт	[vit sport]
basquetebol (m)	баскетбол (м)	[básketbol]
jogador (m) de basquetebol	баскетболист (м)	[basketbolíst]
beisebol (m)	бейзбол (м)	[bejzból]
jogador (m) de beisebol	бейзболист (м)	[bejzbolíst]
futebol (m)	футбол (м)	[fúdbol]
futebolista (m)	футболист (м)	[fudbolíst]
guarda-redes (m)	вратар (м)	[vratár]
hóquei (m)	хокей (м)	[hókej]
jogador (m) de hóquei	хокеист (м)	[hokeíst]
voleibol (m)	волейбол (м)	[vólejbol]
jogador (m) de voleibol	волейболист (м)	[volejbolíst]
boxe (m)	бокс (м)	[boks]
boxeador, pugilista (m)	боксьор (м)	[boksʲór]
luta (f)	борба (ж)	[borbá]
lutador (m)	борец (м)	[boréts]
karaté (m)	карате (с)	[karáte]
karateca (m)	каратист (м)	[karatíst]
judo (m)	джудо (с)	[dʒúdo]
judoca (m)	джудист (м)	[dʒudíst]
ténis (m)	тенис (м)	[ténis]
tenista (m)	тенисист (м)	[tenisíst]
natação (f)	плуване (с)	[plúvane]
nadador (m)	плувец (м)	[pluvéts]
esgrima (f)	фехтовка (ж)	[fehtófka]
esgrimista (m)	фехтувач (м)	[fehtuvátʃ]
xadrez (m)	шахмат (м)	[ʃáhmát]
xadrezista (m)	шахматист (м)	[ʃahmatíst]
alpinismo (m)	алпинизъм (м)	[alpinízəm]
alpinista (m)	алпинист (м)	[alpiníst]
corrida (f)	бягане (с)	[bʲágane]

corredor (m)	бегач (м)	[begátʃ]
atletismo (m)	лека атлетика (ж)	[léka atlétika]
atleta (m)	атлет (м)	[atlét]

| hipismo (m) | конен спорт (м) | [kónen sport] |
| cavaleiro (m) | ездач (м) | [ezdátʃ] |

patinagem (f) artística	фигурно пързаляне (c)	[fígurno pərzálʲane]
patinador (m)	фигурист (м)	[figuríst]
patinadora (f)	фигуристка (ж)	[figurístka]

halterofilismo (m)	тежка атлетика (ж)	[téʃka atlétika]
halterofilista (m)	щангист (м)	[ʃtangíst]
corrida (f) de carros	автомобилни състезания (c мн)	[aftomobílni səstezánija]
piloto (m)	автомобилен състезател (м)	[aftomobílen səstezátel]

| ciclismo (m) | колоездене (c) | [koloézdene] |
| ciclista (m) | колоездач (м) | [koloezdátʃ] |

salto (m) em comprimento	скок (м) на дължина	[skok na dəʒiná]
salto (m) á vara	овчарски скок (м)	[oʊ̯tʃárski skok]
atleta (m) de saltos	скачач (м)	[skatʃátʃ]

114. Tipos de desportos. Diversos

futebol (m) americano	американски футбол (м)	[amerikánski fúdbol]
badminton (m)	бадминтон (м)	[bádminton]
biatlo (m)	биатлон (м)	[biatlón]
bilhar (m)	билярд (м)	[bilʲárt]

bobsled (m)	бобслей (м)	[bobsléj]
musculação (f)	културизъм (м)	[kulturízəm]
polo (m) aquático	водна топка (ж)	[vódna tópka]
andebol (m)	хандбал (м)	[hándbal]
golfe (m)	голф (м)	[golf]

remo (m)	гребане (c)	[grébane]
mergulho (m)	дайвинг (м)	[dájving]
corrida (f) de esqui	ски бягане (c мн)	[ski bʲágane]
ténis (m) de mesa	тенис (м) на маса	[ténis na mása]

vela (f)	спорт (м) с платноходки	[sport s platnohótki]
rali (m)	рали (c)	[ráli]
râguebi (m)	ръгби (c)	[régbi]
snowboard (m)	сноуборд (м)	[snóubort]

115. Ginásio

| barra (f) | щанга (ж) | [ʃtánga] |
| halteres (m pl) | гири (ж мн) | [gíri] |

aparelho (m) de musculaçao	тренажор (м)	[trenaʒór]
bicicleta (f) ergométrica	велоергометър (м)	[veloergométər]
passadeira (f) de corrida	писта (ж) за бягане	[písta za bʲágane]

barra (f) fixa	лост (м)	[lost]
barras (f) paralelas	успоредка (ж)	[úsporetka]
cavalo (m)	кон (м)	[kon]
tapete (m) de ginástica	дюшек (м)	[dʲuʃék]

| aeróbica (f) | аеробика (ж) | [aeróbika] |
| ioga (f) | йога (ж) | [jóga] |

116. Desportos. Diversos

Jogos (m pl) Olímpicos	олимпийски игри (ж мн)	[olimpíjski igrí]
vencedor (m)	победител (м)	[pobedítel]
vencer (vi)	побеждавам	[pobeʒdávam]
vencer, ganhar (vi)	спечеля	[spetʃélʲa]

| líder (m) | водач (м) | [vodátʃ] |
| liderar (vt) | водя | [vódʲa] |

primeiro lugar (m)	първо място (с)	[pérvo mʲásto]
segundo lugar (m)	второ място (с)	[ftóro mʲásto]
terceiro lugar (m)	трето място (с)	[tréto mʲásto]

medalha (f)	медал (м)	[medál]
troféu (m)	трофей (м)	[troféj]
taça (f)	купа (ж)	[kupá]
prémio (m)	награда (ж)	[nagráda]
prémio (m) principal	първа награда (ж)	[pérva nagráda]

| recorde (m) | рекорд (м) | [rekórt] |
| estabelecer um recorde | поставям рекорд | [postávʲam rekórt] |

| final (m) | финал (м) | [finál] |
| final | финален | [finálen] |

| campeão (m) | шампион (м) | [ʃampíon] |
| campeonato (m) | шампионат (м) | [ʃampionát] |

estádio (m)	стадион (м)	[stadión]
bancadas (f pl)	трибуна (ж)	[tribúna]
fã, adepto (m)	запалянко (м)	[zapalʲánko]
adversário (m)	съперник (м)	[səpérnik]

| partida (f) | старт (м) | [start] |
| chegada, meta (f) | финиш (м) | [fíniʃ] |

| derrota (f) | загуба (ж) | [záguba] |
| perder (vt) | загубя | [zagúbʲa] |

| árbitro (m) | съдия (м) | [sədijá] |
| júri (m) | жури (с) | [ʒúri] |

105

resultado (m)	резултат (м)	[rezultát]
empate (m)	наравно (с)	[narávno]
empatar (vi)	завърша наравно	[zavérʃa narávno]
ponto (m)	точка (ж)	[tótʃka]
resultado (m) final	резултат (м)	[rezultát]

intervalo (m)	почивка (ж)	[potʃífka]
doping (m)	допинг (м)	[dóping]
penalizar (vt)	наказвам	[nakázvam]
desqualificar (vt)	дисквалифицирам	[diskvalifitsíram]

aparelho (m)	уред (м)	[úret]
dardo (m)	копие (с)	[kópie]
peso (m)	гюлле (с)	[gʲulé]
bola (f)	топка (ж)	[tópka]

alvo, objetivo (m)	цел (ж)	[tsel]
alvo (~ de papel)	мишена (ж)	[miʃéna]
atirar, disparar (vi)	стрелям	[strélʲam]
preciso (tiro ~)	точен	[tótʃen]

treinador (m)	треньор (м)	[trenʲór]
treinar (vt)	тренирам	[treníram]
treinar-se (vr)	тренирам се	[treníram se]
treino (m)	тренировка (ж)	[trenirófka]

ginásio (m)	спортна зала (ж)	[spórtna zála]
exercício (m)	упражнение (с)	[upraʒnénie]
aquecimento (m)	загряване (с)	[zagrʲávane]

Educação

117. Escola

escola (f)	училище (c)	[utʃíliʃte]
diretor (m) de escola	директор (м) на училище	[diréktor na utʃíliʃte]
aluno (m)	ученик (м)	[utʃeník]
aluna (f)	ученичка (ж)	[utʃenítʃka]
escolar (m)	ученик (м)	[utʃeník]
escolar (f)	ученичка (ж)	[utʃenítʃka]
ensinar (vt)	уча	[útʃa]
aprender (vt)	уча	[útʃa]
aprender de cor	уча наизуст	[útʃa naizúst]
estudar (vi)	уча се	[útʃa se]
andar na escola	ходя на училище	[hódʲa na utʃíliʃte]
ir à escola	отивам на училище	[otívam na utʃíliʃte]
alfabeto (m)	алфавит (м)	[alfavít]
disciplina (f)	предмет (м)	[predmét]
sala (f) de aula	клас (м)	[klas]
lição (f)	час (м)	[tʃas]
recreio (m)	междучасие (c)	[meʒdutʃásie]
toque (m)	звънец (м)	[zvənéts]
carteira (f)	чин (м)	[tʃin]
quadro (m) negro	дъска (ж)	[dəská]
nota (f)	бележка (ж)	[beléʃka]
boa nota (f)	добра оценка (ж)	[dobrá otsénka]
nota (f) baixa	лоша оценка (ж)	[lóʃa otsénka]
dar uma nota	пиша оценка (ж)	[píʃa otsénka]
erro (m)	грешка (ж)	[gréʃka]
fazer erros	правя грешки	[právʲa gréʃki]
corrigir (vt)	поправям	[poprávʲam]
cábula (f)	пищов (м)	[piʃtóv]
dever (m) de casa	домашно (c)	[domáʃno]
exercício (m)	упражнение (c)	[upraʒnénie]
estar presente	присъствам	[priséstvam]
estar ausente	отсъствам	[otséstvam]
punir (vt)	наказвам	[nakázvam]
punição (f)	наказание (c)	[nakazánie]
comportamento (m)	поведение (c)	[povedénie]
boletim (m) escolar	дневник (м)	[dnévnik]

lápis (m)	молив (м)	[móliv]
borracha (f)	гума (ж)	[gúma]
giz (m)	тебешир (м)	[tebeʃír]
estojo (m)	несесер (м)	[nesesér]

pasta (f) escolar	раница (ж)	[ránitsa]
caneta (f)	химикалка (ж)	[himikálka]
caderno (m)	тетрадка (ж)	[tetrátka]
manual (m) escolar	учебник (м)	[utʃébnik]
compasso (m)	пергел (м)	[pergél]

traçar (vt)	чертая	[tʃertája]
desenho (m) técnico	чертеж (м)	[tʃertéʒ]

poesia (f)	стихотворение (с)	[stihotvorénie]
de cor	наизуст	[naizúst]
aprender de cor	уча наизуст	[útʃa naizúst]

férias (f pl)	ваканция (ж)	[vakántsija]
estar de férias	във ваканция съм	[vəf vakántsija səm]
passar as férias	прекарвам ваканция	[prekárvam vakántsija]

teste (m)	контролна работа (ж)	[kontrólna rábota]
composição, redação (f)	съчинение (с)	[sətʃinénie]
ditado (m)	диктовка (ж)	[diktófka]

exame (m)	изпит (м)	[íspit]
fazer exame	полагам изпити	[polágam íspiti]
experiência (~ química)	опит (м)	[ópit]

118. Colégio. Universidade

academia (f)	академия (ж)	[akadémija]
universidade (f)	университет (м)	[universitét]
faculdade (f)	факултет (м)	[fakultét]

estudante (m)	студент (м)	[studént]
estudante (f)	студентка (ж)	[studéntka]
professor (m)	преподавател (м)	[prepodavátel]

sala (f) de palestras	аудитория (ж)	[auditórija]
graduado (m)	абсолвент (м)	[absolvént]

diploma (m)	диплома (ж)	[díploma]
tese (f)	дисертация (ж)	[disertátsija]

estudo (obra)	изследване (с)	[isslédvane]
laboratório (m)	лаборатория (ж)	[laboratórija]

palestra (f)	лекция (ж)	[léktsija]
colega (m) de curso	състудент (м)	[səstudént]

bolsa (f) de estudos	стипендия (ж)	[stipéndija]
grau (m) académico	научна степен (ж)	[naútʃna stépen]

119. Ciências. Disciplinas

matemática (f)	математика (ж)	[matemátika]
álgebra (f)	алгебра (ж)	[álgebra]
geometria (f)	геометрия (ж)	[geométrija]

astronomia (f)	астрономия (ж)	[astronómija]
biologia (f)	биология (ж)	[biológija]
geografia (f)	география (ж)	[geográfija]
geologia (f)	геология (ж)	[geológija]
história (f)	история (ж)	[istórija]

medicina (f)	медицина (ж)	[meditsína]
pedagogia (f)	педагогика (ж)	[pedagógika]
direito (m)	право (c)	[právo]

física (f)	физика (ж)	[fízika]
química (f)	химия (ж)	[hímija]
filosofia (f)	философия (ж)	[filosófija]
psicologia (f)	психология (ж)	[psihológija]

120. Sistema de escrita. Ortografia

gramática (f)	граматика (ж)	[gramátika]
vocabulário (m)	лексика (ж)	[léksika]
fonética (f)	фонетика (ж)	[fonétika]

substantivo (m)	съществително име (c)	[səʃtestvítelno íme]
adjetivo (m)	прилагателно име (c)	[prilagátelno íme]
verbo (m)	глагол (м)	[glagól]
advérbio (m)	наречие (c)	[narétʃie]

pronome (m)	местоимение (c)	[mestoiménie]
interjeição (f)	междуметие (c)	[meʒdumétie]
preposição (f)	предлог (м)	[predlók]

raiz (f) da palavra	корен (м) на думата	[kóren na dúmata]
terminação (f)	окончание (c)	[okontʃánie]
prefixo (m)	представка (ж)	[pretstáfka]
sílaba (f)	сричка (ж)	[srítʃka]
sufixo (m)	наставка (ж)	[nastáfka]

| acento (m) | ударение (c) | [udarénie] |
| apóstrofo (m) | апостроф (м) | [apostróf] |

ponto (m)	точка (ж)	[tótʃka]
vírgula (f)	запетая (ж)	[zapetája]
ponto e vírgula (m)	точка (ж) и запетая	[tótʃka i zapetája]
dois pontos (m pl)	двоеточие (c)	[dvoetótʃie]
reticências (f pl)	многоточие (c)	[mnogotótʃie]

| ponto (m) de interrogação | въпросителен знак (м) | [vəprosítelen znák] |
| ponto (m) de exclamação | удивителна (ж) | [udivítelna] |

aspas (f pl)	кавички (мн)	[kavítʃki]
entre aspas	в кавички	[v kavítʃki]
parênteses (m pl)	скоби (ж мн)	[skóbi]
entre parênteses	в скоби	[v skóbi]

hífen (m)	дефис (м)	[defís]
travessão (m)	тире (c)	[tiré]
espaço (m)	бяло поле (c)	[bʲálo polé]

| letra (f) | буква (ж) | [búkva] |
| letra (f) maiúscula | главна буква (ж) | [glávna búkva] |

| vogal (f) | гласен звук (м) | [glásen zvuk] |
| consoante (f) | съгласен звук (м) | [səglásen zvuk] |

frase (f)	изречение (c)	[izretʃénie]
sujeito (m)	подлог (м)	[pódlok]
predicado (m)	сказуемо (c)	[skazúemo]

linha (f)	ред (м)	[ret]
em uma nova linha	от нов ред	[ot nóv ret]
parágrafo (m)	абзац (м)	[abzáts]

palavra (f)	дума (ж)	[dúma]
grupo (m) de palavras	словосъчетание (c)	[slovo·sətʃetánie]
expressão (f)	израз (м)	[ízraz]
sinónimo (m)	синоним (м)	[sinoním]
antónimo (m)	антоним (м)	[antoním]

regra (f)	правило (c)	[právilo]
exceção (f)	изключение (c)	[izklʲutʃénie]
correto	верен	[véren]

conjugação (f)	спрежение (c)	[spreʒénie]
declinação (f)	склонение (c)	[sklonénie]
caso (m)	падеж (м)	[padéʒ]
pergunta (f)	въпрос (м)	[vəprós]
sublinhar (vt)	подчертая	[podtʃertája]
linha (f) pontilhada	пунктир (м)	[punktír]

121. Línguas estrangeiras

língua (f)	език (м)	[ezík]
estrangeiro	чужд	[tʃuʒd]
língua (f) estrangeira	чужд език (м)	[tʃuʒd ezík]
estudar (vt)	изучавам	[izutʃávam]
aprender (vt)	уча	[útʃa]

ler (vt)	чета	[tʃeta]
falar (vi)	говоря	[govórʲa]
compreender (vt)	разбирам	[razbíram]
escrever (vt)	пиша	[píʃa]
rapidamente	бързо	[bérzo]
devagar	бавно	[bávno]

fluentemente	свободно	[svobódno]
regras (f pl)	правила (с мн)	[pravilá]
gramática (f)	граматика (ж)	[gramátika]
vocabulário (m)	лексика (ж)	[léksika]
fonética (f)	фонетика (ж)	[fonétika]

manual (m) escolar	учебник (м)	[utʃébnik]
dicionário (m)	речник (м)	[rétʃnik]
manual (m) de autoaprendizagem	самоучител (м)	[samoutʃítel]
guia (m) de conversação	разговорник (м)	[razgovórnik]

cassete (f)	касета (ж)	[kaséta]
vídeo cassete (m)	видеокасета (ж)	[video·kaséta]
CD (m)	CD диск (м)	[sidí disk]
DVD (m)	DVD (м)	[dividí]

alfabeto (m)	алфавит (м)	[alfavít]
soletrar (vt)	спелувам	[spelúvam]
pronúncia (f)	произношение (с)	[proiznoʃénie]

sotaque (m)	акцент (м)	[aktsént]
com sotaque	с акцент	[s aktsént]
sem sotaque	без акцент	[bez aktsént]

palavra (f)	дума (ж)	[dúma]
sentido (m)	смисъл (м)	[smísəl]

cursos (m pl)	курсове (м мн)	[kúrsove]
inscrever-se (vr)	запиша се	[zapíʃa se]
professor (m)	преподавател (м)	[prepodavátel]

tradução (processo)	превод (м)	[prévot]
tradução (texto)	превод (м)	[prévot]
tradutor (m)	преводач (м)	[prevodátʃ]
intérprete (m)	преводач (м)	[prevodátʃ]

poliglota (m)	полиглот (м)	[poliglót]
memória (f)	памет (ж)	[pámet]

122. Personagens de contos de fadas

Pai (m) Natal	Дядо Коледа	[dʲádo kóleda]
sereia (f)	русалка (ж)	[rusálka]

mago (m)	вълшебник (м)	[vəlʃébnik]
fada (f)	вълшебница (ж)	[vəlʃébnitsa]
mágico	вълшебен	[vəlʃében]
varinha (f) mágica	вълшебна пръчица (ж)	[vəlʃébna prétʃitsa]

conto (m) de fadas	приказка (ж)	[príkaska]
milagre (m)	чудо (с)	[tʃúdo]
anão (m)	джудже (с)	[dʒudʒé]
transformar-se em …	превърна се в …	[prevérna se v]

fantasma (m)	призрак (м)	[prízrak]
espetro (m)	привидение (с)	[prividénie]
monstro (m)	чудовище (с)	[ʧudóviʃte]
dragão (m)	ламя (ж)	[lamʲá]
gigante (m)	великан (м)	[velikán]

123. Signos do Zodíaco

Carneiro	Овен (м)	[ovén]
Touro	Телец (м)	[teléts]
Gémeos	Близнаци (м мн)	[bliznátsi]
Caranguejo	Рак (м)	[rak]
Leão	Лъв (м)	[ləv]
Virgem (f)	Дева (ж)	[déva]

Balança	Везни (ж мн)	[vezní]
Escorpião	Скорпион (м)	[skorpión]
Sagitário	Стрелец (м)	[streléts]
Capricórnio	Козирог (м)	[kózirok]
Aquário	Водолей (м)	[vodoléj]
Peixes	Риби (ж мн)	[ríbi]

caráter (m)	характер (м)	[harákter]
traços (m pl) do caráter	черти (ж мн) на характера	[ʧertí na haráktera]
comportamento (m)	поведение (с)	[povedénie]
predizer (vt)	гледам	[glédam]
adivinha (f)	гледачка (ж)	[gledátʃka]
horóscopo (m)	хороскоп (м)	[horoskóp]

Artes

124. Teatro

teatro (m)	театър (м)	[teátər]
ópera (f)	опера (ж)	[ópera]
opereta (f)	оперета (ж)	[operéta]
balé (m)	балет (м)	[balét]
cartaz (m)	афиш (м)	[afíʃ]
companhia (f) teatral	трупа (ж)	[trúpa]
turné (digressão)	гастроли (м мн)	[gastróli]
estar em turné	гастролирам	[gastrolíram]
ensaiar (vt)	репетирам	[repetíram]
ensaio (m)	репетиция (ж)	[repetítsija]
repertório (m)	репертоар (м)	[repertuár]
apresentação (f)	представление (с)	[pretstavlénie]
espetáculo (m)	спектакъл (м)	[spektákəl]
peça (f)	пиеса (ж)	[piésa]
bilhete (m)	билет (м)	[bilét]
bilheteira (f)	билетна каса (ж)	[bilétna kása]
hall (m)	хол (м)	[hol]
guarda-roupa (m)	гардероб (м)	[garderóp]
senha (f) numerada	номерче (с)	[nómertʃe]
binóculo (m)	бинокъл (м)	[binókəl]
lanterninha (m)	контрольор (м)	[kontrolʲór]
plateia (f)	партер (м)	[párter]
balcão (m)	балкон (м)	[balkón]
primeiro balcão (m)	първи балкон (м)	[pérvi balkón]
camarote (m)	ложа (ж)	[lóʒa]
fila (f)	ред (м)	[ret]
assento (m)	място (с)	[mʲásto]
público (m)	публика (ж)	[públika]
espetador (m)	зрител (м)	[zrítel]
aplaudir (vt)	аплодирам	[aplodíram]
aplausos (m pl)	аплодисменти (м мн)	[aplodisménti]
ovação (f)	овации (ж мн)	[ovátsii]
palco (m)	сцена (ж)	[stséna]
pano (m) de boca	завеса (ж)	[zavésa]
cenário (m)	декорация (ж)	[dekorátsija]
bastidores (m pl)	кулиси (ж мн)	[kulísi]
cena (f)	сцена (ж)	[stséna]
ato (m)	действие (с)	[déjstvie]
entreato (m)	антракт (м)	[antrákt]

125. Cinema

ator (m)	актьор (м)	[aktjór]
atriz (f)	актриса (ж)	[aktrísa]

cinema (m)	кино (с)	[kíno]
filme (m)	филм (м)	[film]
episódio (m)	серия (ж)	[sérija]

filme (m) policial	детективски филм (м)	[detektífski film]
filme (m) de ação	екшън филм (м)	[ékʃən film]
filme (m) de aventuras	приключенски филм (м)	[priklʲutʃénski film]
filme (m) de ficção científica	фантастичен филм (м)	[fantastítʃen film]
filme (m) de terror	филм (м) на ужаси	[film na úʒasi]

comédia (f)	кинокомедия (ж)	[kinokomédija]
melodrama (m)	мелодрама (ж)	[melodráma]
drama (m)	драма (ж)	[dráma]

filme (m) ficcional	игрален филм (м)	[igrálen film]
documentário (m)	документален филм (м)	[dokumentálen film]
desenho (m) animado	анимационен филм (м)	[animatsiónen film]
cinema (m) mudo	нямо кино (с)	[nʲámo kíno]

papel (m)	роля (ж)	[rólʲa]
papel (m) principal	главна роля (ж)	[glávna rólʲa]
representar (vt)	играя	[igrája]

estrela (f) de cinema	кинозвезда (ж)	[kinozvezdá]
conhecido	известен	[izvésten]
famoso	прочут	[protʃút]
popular	популярен	[populʲáren]

argumento (m)	сценарий (м)	[stsenárij]
argumentista (m)	сценарист (м)	[stsenaríst]
realizador (m)	режисьор (м)	[reʒisʲór]
produtor (m)	продуцент (м)	[produtsént]
assistente (m)	асистент (м)	[asistént]
diretor (m) de fotografia	оператор (м)	[operátor]
duplo (m)	каскадьор (м)	[kaskadʲór]

filmar (vt)	снимам филм	[snímam film]
audição (f)	проби (ж мн)	[próbi]
filmagem (f)	снимане (с)	[snímane]
equipe (f) de filmagem	снимачен екип (м)	[snimátʃen ekíp]
set (m) de filmagem	снимачна площадка (ж)	[snimátʃna ploʃtátka]
câmara (f)	кинокамера (ж)	[kinokámera]

cinema (m)	кинотеатър (м)	[kinoteátər]
ecrã (m), tela (f)	екран (м)	[ekrán]
exibir um filme	прожектирам филм	[proʒektíram film]

pista (f) sonora	звукова пътека (ж)	[zvúkova pətéka]
efeitos (m pl) especiais	специални ефекти (м мн)	[spetsiálni efékti]
legendas (f pl)	субтитри (мн)	[suptítri]

T&P Books. Vocabulário Português-Búlgaro - 7000 palavras

crédito (m)   титри (мн)   [títri]
tradução (f)   превод (м)   [prévot]

126. Pintura

arte (f)   изкуство (c)   [izkústvo]
belas-artes (f pl)   изящни изкуства (c мн)   [iziáʃtni iskústva]
galeria (f) de arte   галерия (ж)   [galérija]
exposição (f) de arte   изложба (ж) на картини   [izlóӡba na kartíni]

pintura (f)   живопис (м)   [ӡivopís]
arte (f) gráfica   графика (ж)   [gráfika]
arte (f) abstrata   абстракционизъм (м)   [abstraktsionízəm]
impressionismo (m)   импресионизъм (м)   [impresionízəm]

pintura (f), quadro (m)   картина (ж)   [kartína]
desenho (m)   рисунка (ж)   [risúnka]
cartaz, póster (m)   постер (м)   [póster]

ilustração (f)   илюстрация (ж)   [iliustrátsija]
miniatura (f)   миниатюра (ж)   [miniatiúra]
cópia (f)   копие (c)   [kópie]
reprodução (f)   репродукция (ж)   [reprodúktsija]

mosaico (m)   мозайка (ж)   [mozájka]
vitral (m)   стъклопис (м)   [stəklopís]
fresco (m)   фреска (ж)   [fréska]
gravura (f)   гравюра (ж)   [graviúra]

busto (m)   бюст (м)   [biust]
escultura (f)   скулптура (ж)   [skulptúra]
estátua (f)   статуя (ж)   [státuja]
gesso (m)   гипс (м)   [gips]
em gesso   от гипс   [ot gips]

retrato (m)   портрет (м)   [portrét]
autorretrato (m)   автопортрет (м)   [aftoportrét]
paisagem (f)   пейзаж (м)   [pejzáӡ]
natureza (f) morta   натюрморт (м)   [natiurmórt]
caricatura (f)   карикатура (ж)   [karikatúra]
esboço (m)   скица (ж)   [skítsa]

tinta (f)   боя (ж)   [bojá]
aguarela (f)   акварел (м)   [akvarél]
óleo (m)   маслени бои (ж мн)   [másleni boí]
lápis (m)   молив (м)   [móliv]
tinta da China (f)   туш (м)   [tuʃ]
carvão (m)   въглен (м)   [véglen]

desenhar (vt)   рисувам   [risúvam]
pintar (vt)   рисувам   [risúvam]

posar (vi)   позирам   [pozíram]
modelo (m)   модел (м)   [modél]

modelo (f)	модел (м)	[modél]
pintor (m)	художник (м)	[hudóʒnik]
obra (f)	произведение (с)	[proizvedénie]
obra-prima (f)	шедьовър (м)	[ʃedʲóvər]
estúdio (m)	ателие (с)	[atelié]

tela (f)	платно (с)	[platnó]
cavalete (m)	статив (м)	[statíf]
paleta (f)	палитра (ж)	[palítra]

moldura (f)	рамка (ж)	[rámka]
restauração (f)	реставрация (ж)	[restavrátsija]
restaurar (vt)	реставрирам	[restavríram]

127. Literatura & Poesia

literatura (f)	литература (ж)	[literatúra]
autor (m)	автор (м)	[áftor]
pseudónimo (m)	псевдоним (м)	[psevdoním]

livro (m)	книга (ж)	[kníga]
volume (m)	том (м)	[tom]
índice (m)	съдържание (с)	[sədərʒánie]
página (f)	страница (ж)	[stránitsa]
protagonista (m)	главен герой (м)	[gláven gerój]
autógrafo (m)	автограф (м)	[aftográf]

conto (m)	разказ (м)	[rázkaz]
novela (f)	повест (ж)	[póvest]
romance (m)	роман (м)	[román]
obra (f)	съчинение (с)	[sətʃinénie]
fábula (m)	басня (ж)	[básnʲa]
romance (m) policial	детективски роман (м)	[detektífski román]

poesia (obra)	стихотворение (с)	[stihotvorénie]
poesia (arte)	поезия (ж)	[poézija]
poema (m)	поема (ж)	[poéma]
poeta (m)	поет (м)	[poét]

ficção (f)	белетристика (ж)	[beletrístika]
ficção (f) científica	научна фантастика (ж)	[naútʃna fantástika]
aventuras (f pl)	приключения (с мн)	[priklʲutʃénija]
literatura (f) didática	учебна литература (ж)	[utʃébna literatúra]
literatura (f) infantil	детска литература (ж)	[détska literatúra]

128. Circo

circo (m)	цирк (м)	[tsirk]
programa (m)	програма (ж)	[prográma]
apresentação (f)	представление (с)	[pretstavlénie]
número (m)	номер (м)	[nómer]
arena (f)	арена (ж)	[aréna]

| pantomima (f) | пантомима (ж) | [pantomíma] |
| palhaço (m) | клоун (м) | [klóun] |

acrobata (m)	акробат (м)	[akrobát]
acrobacia (f)	акробатика (ж)	[akrobátika]
ginasta (m)	гимнастик (м)	[gimnastík]
ginástica (f)	гимнастика (ж)	[gimnástika]
salto (m) mortal	салто (с)	[sálto]

homem forte (m)	атлет (м)	[atlét]
domador (m)	укротител (м)	[ukrotítel]
cavaleiro (m) equilibrista	ездач (м)	[ezdátʃ]
assistente (m)	асистент (м)	[asistént]

truque (m)	трик (м)	[trik]
truque (m) de mágica	фокус (м)	[fókus]
mágico (m)	фокусник (м)	[fókusnik]

malabarista (m)	жонгльор (м)	[ʒonglʲór]
fazer malabarismos	жонглирам	[ʒonglíram]
adestramento (m)	дресиране (с)	[dresírane]
adestrar (vt)	дресирам	[dresíram]

129. Música. Música popular

música (f)	музика (ж)	[múzika]
músico (m)	музикант (м)	[muzikánt]
instrumento (m) musical	музикален инструмент (м)	[muzikálen instrumént]
tocar ...	свиря на ...	[svírʲa na]

guitarra (f)	китара (ж)	[kitára]
violino (m)	цигулка (ж)	[tsigúlka]
violoncelo (m)	чело (с)	[tʃélo]
contrabaixo (m)	контрабас (м)	[kontrabás]
harpa (f)	арфа (ж)	[árfa]

piano (m)	пиано (с)	[piáno]
piano (m) de cauda	роял (м)	[rojál]
órgão (m)	орган (м)	[orgán]

instrumentos (m pl) de sopro	духови инструменти (м мн)	[dúhovi instruménti]
oboé (m)	обой (м)	[obój]
saxofone (m)	саксофон (м)	[saksofón]
clarinete (m)	кларнет (м)	[klarnét]
flauta (f)	флейта (ж)	[fléjta]
trompete (m)	тръба (ж)	[trəbá]

| acordeão (m) | акордеон (м) | [akordeón] |
| tambor (m) | барабан (м) | [barabán] |

duo, dueto (m)	дует (м)	[duét]
trio (m)	трио (с)	[trío]
quarteto (m)	квартет (м)	[kvartét]
coro (m)	хор (м)	[hor]

orquestra (f)	оркестър (м)	[orkéstər]
música (f) pop	поп музика (ж)	[pop múzika]
música (f) rock	рок музика (ж)	[rok múzika]
grupo (m) de rock	рок-група (ж)	[rok-grúpa]
jazz (m)	джаз (м)	[dʒaz]

| ídolo (m) | кумир (м) | [kumír] |
| fã, admirador (m) | почитател (м) | [potʃitátel] |

concerto (m)	концерт (м)	[kontsért]
sinfonia (f)	симфония (ж)	[simfónija]
composição (f)	съчинение (с)	[sətʃinénie]
compor (vt)	съчинявам	[sətʃinʲávam]

canto (m)	пеене (с)	[péene]
canção (f)	песен (ж)	[pésen]
melodia (f)	мелодия (ж)	[melódija]
ritmo (m)	ритъм (м)	[rítəm]
blues (m)	блус (м)	[blus]

notas (f pl)	ноти (ж мн)	[nóti]
batuta (f)	диригентска палка (ж)	[dirigénska pálka]
arco (m)	лък (м)	[lək]
corda (f)	струна (ж)	[strúna]
estojo (m)	калъф (м)	[kaléf]

Descanso. Entretenimento. Viagens

130. Viagens

turismo (m)	туризъм (м)	[turízəm]
turista (m)	турист (м)	[turíst]
viagem (f)	пътешествие (c)	[pəteʃéstvie]
aventura (f)	приключение (c)	[priklʲutʃénie]
viagem (f)	пътуване (c)	[pətúvane]
férias (f pl)	отпуска (ж)	[ótpuska]
estar de férias	бъда в отпуска	[béda v ótpuska]
descanso (m)	почивка (ж)	[potʃífka]
comboio (m)	влак (м)	[vlak]
de comboio (chegar ~)	с влак	[s vlak]
avião (m)	самолет (м)	[samolét]
de avião	със самолет	[səs samolét]
de carro	с кола	[s kolá]
de navio	с кораб	[s kórap]
bagagem (f)	багаж (м)	[bagáʃ]
mala (f)	куфар (м)	[kúfar]
carrinho (m)	количка (ж) за багаж	[kolítʃka za bagáʃ]
passaporte (m)	паспорт (м)	[paspórt]
visto (m)	виза (ж)	[víza]
bilhete (m)	билет (м)	[bilét]
bilhete (m) de avião	самолетен билет (м)	[samoléten bilét]
guia (m) de viagem	пътеводител (м)	[pətevodítel]
mapa (m)	карта (ж)	[kárta]
local (m), area (f)	местност (ж)	[méstnost]
lugar, sítio (m)	място (c)	[mʲásto]
exotismo (m)	екзотика (ж)	[ekzótika]
exótico	екзотичен	[ekzotítʃen]
surpreendente	удивителен	[udivítelen]
grupo (m)	група (ж)	[grúpa]
excursão (f)	екскурзия (ж)	[ekskúrzija]
guia (m)	гид (м)	[git]

131. Hotel

hotel (m)	хотел (м)	[hotél]
motel (m)	мотел (м)	[motél]
três estrelas	три звезди	[tri zvezdí]

| cinco estrelas | пет звезди | [pet zvezdí] |
| ficar (~ num hotel) | отсядам | [otsiádam] |

quarto (m)	стая (ж) в хотел	[stája f hotél]
quarto (m) individual	еднинична стая (ж)	[edinítʃna stája]
quarto (m) duplo	двойна стая (ж)	[dvójna stája]
reservar um quarto	резервирам стая	[rezervíram stája]

| meia pensão (f) | полупансион (м) | [polupansión] |
| pensão (f) completa | пълен пансион (м) | [pélen pansión] |

com banheira	с баня	[s bánia]
com duche	с душ	[s duʃ]
televisão (m) satélite	сателитна телевизия (ж)	[satelítna televízija]
ar (m) condicionado	климатик (м)	[klimatík]
toalha (f)	кърпа (ж)	[kérpa]
chave (f)	ключ (м)	[klʲutʃ]

administrador (m)	администратор (м)	[administrátor]
camareira (f)	камериерка (ж)	[kameriérka]
bagageiro (m)	носач (м)	[nosátʃ]
porteiro (m)	портиер (м)	[portiér]

restaurante (m)	ресторант (м)	[restoránt]
bar (m)	бар (м)	[bar]
pequeno-almoço (m)	закуска (ж)	[zakúska]
jantar (m)	вечеря (ж)	[vetʃéria]
buffet (m)	шведска маса (ж)	[ʃvétska mása]

| hall (m) de entrada | вестибюл (м) | [vestibiúl] |
| elevador (m) | асансьор (м) | [asansiór] |

| NÃO PERTURBE | НЕ МЕ БЕЗПОКОЙТЕ! | [ne me bespokójte] |
| PROIBIDO FUMAR! | ПУШЕНЕТО ЗАБРАНЕНО! | [puʃenéto zabráneno] |

132. Livros. Leitura

livro (m)	книга (ж)	[kníga]
autor (m)	автор (м)	[áftor]
escritor (m)	писател (м)	[pisátel]
escrever (vt)	напиша	[napíʃa]

leitor (m)	читател (м)	[tʃitátel]
ler (vt)	чета	[tʃeta]
leitura (f)	четене (с)	[tʃétene]

| para si | на ум | [na úm] |
| em voz alta | на глас | [na glás] |

publicar (vt)	издавам	[izdávam]
publicação (f)	издание (с)	[izdánie]
editor (m)	издател (м)	[izdátel]
editora (f)	издателство (с)	[izdátelstvo]
sair (vi)	излизам	[izlízam]

lançamento (m)	излизане (c)	[izlízane]
tiragem (f)	тираж (м)	[tiráʒ]
livraria (f)	книжарница (ж)	[kniʒárnitsa]
biblioteca (f)	библиотека (ж)	[bibliotéka]
novela (f)	повест (ж)	[póvest]
conto (m)	разказ (м)	[rázkaz]
romance (m)	роман (м)	[román]
romance (m) policial	детективски роман (м)	[detektífski román]
memórias (f pl)	мемоари (мн)	[memoári]
lenda (f)	легенда (ж)	[legénda]
mito (m)	мит (м)	[mit]
poesia (f)	стихове (м мн)	[stihové]
autobiografia (f)	автобиография (ж)	[aftobiográfija]
obras (f pl) escolhidas	избрани съчинения	[izbráni sətʃinénija]
ficção (f) científica	фантастика (ж)	[fantástika]
título (m)	название (c)	[nazvánie]
introdução (f)	въведение (c)	[vəvedénie]
folha (f) de rosto	заглавна страница (ж)	[zaglávna stránitsa]
capítulo (m)	глава (ж)	[glavá]
excerto (m)	откъс (м)	[ótkəs]
episódio (m)	епизод (м)	[epizót]
tema (m)	сюжет (м)	[sʲuʒét]
conteúdo (m)	съдържание (c)	[sədərʒánie]
protagonista (m)	главен герой (м)	[gláven gerój]
tomo, volume (m)	том (м)	[tom]
capa (f)	корица (ж)	[korítsa]
encadernação (f)	подвързия (ж)	[podvərzíja]
marcador (m) de livro	маркер (м)	[márker]
página (f)	страница (ж)	[stránitsa]
folhear (vt)	прелиствам	[prelístvam]
margem (f)	полета (c мн)	[poléta]
anotação (f)	бележка (ж)	[beléʃka]
nota (f) de rodapé	забележка (ж)	[zabeléʃka]
texto (m)	текст (м)	[tekst]
fonte (f)	шрифт (м)	[ʃrift]
gralha (f)	печатна грешка (ж)	[petʃátna gréʃka]
tradução (f)	превод (м)	[prévot]
traduzir (vt)	превеждам	[prevéʒdam]
original (m)	оригинал (м)	[originál]
famoso	прочут	[protʃút]
desconhecido	неизвестен	[neizvésten]
interessante	интересен	[interésen]
best-seller (m)	бестселър (м)	[bestsélər]
dicionário (m)	речник (м)	[rétʃnik]

| manual (m) escolar | учебник (м) | [uʧébnik] |
| enciclopédia (f) | енциклопедия (ж) | [entsiklopédija] |

133. Caça. Pesca

caça (f)	лов (м)	[lov]
caçar (vi)	ловувам	[lovúvam]
caçador (m)	ловец (м)	[lovéts]

atirar (vi)	стрелям	[strél'am]
caçadeira (f)	пушка (ж)	[púʃka]
cartucho (m)	патрон (м)	[patrón]
chumbo (m) de caça	сачма (ж)	[saʧmá]

armadilha (f)	капан (м)	[kapán]
armadilha (com corda)	примка (ж)	[prímka]
pôr a armadilha	залагам капан	[zalágam kapán]

caçador (m) furtivo	бракониер (м)	[brakoniér]
caça (f)	дивеч (ж)	[díveʧ]
cão (m) de caça	ловно куче (c)	[lóvno kúʧe]
safári (m)	сафари (c)	[safári]
animal (m) empalhado	препарирано животно (c)	[preparírano ʒivótno]

pescador (m)	рибар (м)	[ribár]
pesca (f)	риболов (м)	[ribolóv]
pescar (vt)	ловя риба	[lov'á ríba]
cana (f) de pesca	въдица (ж)	[véditsa]
linha (f) de pesca	месина (ж)	[mesína]
anzol (m)	кука (ж)	[kúka]
boia (f)	плувка (ж)	[plúfka]
isca (f)	стръв (ж)	[strəv]

lançar a linha	хвърлям въдица	[hvérl'am véditsa]
morder (vt)	кълва	[kəlvá]
pesca (f)	улов (м)	[úlof]
buraco (m) no gelo	дупка (ж) в леда	[dúpka v ledá]

rede (f)	мрежа (ж)	[mréʒa]
barco (m)	лодка (ж)	[lótka]
pescar com rede	ловя с мрежа	[lov'á s mréʒa]
lançar a rede	хвърлям мрежа	[hvérl'am mréʒa]
puxar a rede	изваждам мрежа	[izváʒdam mréʒa]

baleeiro (m)	китоловец (м)	[kitolóvets]
baleeira (f)	китоловен кораб (м)	[kitolóven kórap]
arpão (m)	харпун (м)	[harpún]

134. Jogos. Bilhar

| bilhar (m) | билярд (м) | [bil'árt] |
| sala (f) de bilhar | билярдна зала (ж) | [bil'árdna zála] |

bola (f) de bilhar	билярдна топка (ж)	[biľárdna tópka]
embolsar uma bola	вкарам топка	[fkáram tópka]
taco (m)	щека (ж)	[ʃtéka]
caçapa (f)	дупка (ж)	[dúpka]

135. Jogos. Jogar cartas

ouros (m pl)	каро (c)	[karó]
espadas (f pl)	пики (ж мн)	[píki]
copas (f pl)	купи (ж мн)	[kúpi]
paus (m pl)	спатии (ж мн)	[spatíi]

ás (m)	aco (c)	[asó]
rei (m)	поп (м)	[pop]
dama (f)	дама (ж)	[dáma]
valete (m)	вале (м)	[valé]

carta (f) de jogar	карта (ж)	[kárta]
cartas (f pl)	карти (ж мн)	[kárti]
trunfo (m)	коз (м)	[kos]
baralho (m)	тесте (c)	[testé]

dar, distribuir (vt)	раздавам	[razdávam]
embaralhar (vt)	размесвам	[razmésvam]
vez, jogada (f)	ход (м)	[hot]
batoteiro (m)	шмекер (м)	[ʃméker]

136. Descanso. Jogos. Diversos

passear (vi)	разхождам се	[rashóʒdam se]
passeio (m)	разходка (ж)	[rashótka]
viagem (f) de carro	пътуване (c)	[pətúvane]
aventura (f)	приключение (c)	[prikľutʃénie]
piquenique (m)	пикник (м)	[píknik]

jogo (m)	игра (ж)	[igrá]
jogador (m)	играч (м)	[igrátʃ]
partida (f)	партия (ж)	[pártija]

colecionador (m)	колекционер (м)	[kolektsionér]
colecionar (vt)	колекционирам	[kolektsioníram]
coleção (f)	колекция (ж)	[koléktsija]

palavras (f pl) cruzadas	кръстословица (ж)	[krəstoslóvitsa]
hipódromo (m)	хиподрум (м)	[hipodrúm]
discoteca (f)	дискотека (ж)	[diskotéka]

| sauna (f) | сауна (ж) | [sáuna] |
| lotaria (f) | лотария (ж) | [lotárija] |

| campismo (m) | поход (м) | [póhot] |
| acampamento (m) | лагер (м) | [láger] |

tenda (f)	палатка (ж)	[palátka]
bússola (f)	компас (м)	[kompás]
campista (m)	турист (м)	[turíst]

ver (vt), assistir à ...	гледам	[glédam]
telespectador (m)	телезрител (м)	[telezrítel]
programa (m) de TV	телевизионно предаване (с)	[televiziónno predávane]

137. Fotografia

| máquina (f) fotográfica | фотоапарат (м) | [fotoaparát] |
| foto, fotografia (f) | снимка (ж) | [snímka] |

fotógrafo (m)	фотограф (м)	[fotográf]
estúdio (m) fotográfico	фотостудио (с)	[fotostúdio]
álbum (m) de fotografias	фотоалбум (м)	[fotoalbúm]

objetiva (f)	обектив (м)	[obektív]
teleobjetiva (f)	телеобектив (м)	[teleobektíf]
filtro (m)	филтър (м)	[fíltər]
lente (f)	леща (ж)	[léʃta]
ótica (f)	оптика (ж)	[óptika]
abertura (f)	диафрагма (ж)	[diafrágma]
exposição (f)	експозиция (ж)	[ekspozítsija]
visor (m)	визьор (м)	[vizʲór]

câmara (f) digital	цифрова камера (ж)	[tsífrova kámera]
tripé (m)	статив (м)	[statíf]
flash (m)	светкавица (ж)	[svetkávitsa]
fotografar (vt)	снимам	[snímam]
tirar fotos	снимам	[snímam]
fotografar-se	снимам се	[snímam se]

foco (m)	фокус (м)	[fókus]
focar (vt)	нагласявам рязкост	[naglasʲávam rʲáskost]
nítido	рязък	[rʲázək]
nitidez (f)	рязкост (ж)	[rʲáskost]

| contraste (m) | контраст (м) | [kontrást] |
| contrastante | контрастен | [kontrásten] |

retrato (m)	снимка (ж)	[snímka]
negativo (m)	негатив (м)	[negatíf]
filme (m)	фотолента (ж)	[fotolénta]
fotograma (m)	кадър (м)	[kádər]
imprimir (vt)	печатам	[peʧátam]

138. Praia. Natação

| praia (f) | плаж (м) | [plaʒ] |
| areia (f) | пясък (м) | [pʲásək] |

deserto	пустинен	[pustínen]
bronzeado (m)	тен (м)	[ten]
bronzear-se (vr)	пека се	[peká se]
bronzeado	почернял	[potʃernʲál]
protetor (m) solar	крем (м) за тен	[krem za ten]

biquíni (m)	бикини (мн)	[bikíni]
fato (m) de banho	бански костюм (м)	[bánski kostʲúm]
calção (m) de banho	плувки (мн)	[plúfki]

piscina (f)	басейн (м)	[baséjn]
nadar (vi)	плувам	[plúvam]
duche (m)	душ (м)	[duʃ]
mudar de roupa	преобличам се	[preoblítʃam se]
toalha (f)	кърпа (ж)	[kə́rpa]

barco (m)	лодка (ж)	[lótka]
lancha (f)	катер (м)	[káter]

esqui (m) aquático	водни ски (мн)	[vódni ski]
barco (m) de pedais	водно колело (с)	[vódno koleló]
surf (m)	сърфинг (м)	[sə́rfing]
surfista (m)	сърфист (м)	[sərfíst]

equipamento (m) de mergulho	акваланг (м)	[akvaláng]
barbatanas (f pl)	плавници (ж мн)	[plávnitsi]
máscara (f)	маска (ж)	[máska]
mergulhador (m)	гмуркач (м)	[gmurkátʃ]
mergulhar (vi)	гмуркам се	[gmúrkam se]
debaixo d'água	под вода	[pot vodá]

guarda-sol (m)	чадър (м)	[tʃadə́r]
espreguiçadeira (f)	шезлонг (м)	[ʃezlóng]
óculos (m pl) de sol	очила (мн)	[otʃilá]
colchão (m) de ar	плажен дюшек (м)	[plaʒén dʲuʃék]

brincar (vi)	играя	[igrája]
ir nadar	къпя се	[kə́pʲa se]

bola (f) de praia	топка (ж)	[tópka]
encher (vt)	надувам	[nadúvam]
inflável, de ar	надуваем	[naduváem]

onda (f)	вълна (ж)	[vəlná]
boia (f)	шамандура (ж)	[ʃamandúra]
afogar-se (pessoa)	давя се	[dávʲa se]

salvar (vt)	спасявам	[spasʲávam]
colete (m) salva-vidas	спасителна жилетка (ж)	[spasítelna ʒilétka]
observar (vt)	наблюдавам	[nablʲudávam]
nadador-salvador (m)	спасител (м)	[spasítel]

EQUIPAMENTO TÉCNICO. TRANSPORTES

Equipamento técnico. Transportes

139. Computador

computador (m)	компютър (м)	[kompʲútər]
portátil (m)	лаптоп (м)	[laptóp]
ligar (vt)	включа	[fklʲútʃa]
desligar (vt)	изключа	[isklʲútʃa]
teclado (m)	клавиатура (ж)	[klaviatúra]
tecla (f)	клавиш (м)	[klavíʃ]
rato (m)	мишка (ж)	[míʃka]
tapete (m) de rato	подложка (ж) за мишка	[podlóʃka za míʃka]
botão (m)	бутон (м)	[butón]
cursor (m)	курсор (м)	[kursór]
monitor (m)	монитор (м)	[monítor]
ecrã (m)	екран (м)	[ekrán]
disco (m) rígido	твърд диск (м)	[tvérd dísk]
capacidade (f) do disco rígido	капацитет (м) на твърдия диск	[kapatsitét na tvérdija disk]
memória (f)	памет (ж)	[pámet]
memória RAM (f)	операционна памет (ж)	[operatsiónna pámet]
ficheiro (m)	файл (м)	[fajl]
pasta (f)	папка (ж)	[pápka]
abrir (vt)	отворя	[otvórʲa]
fechar (vt)	затворя	[zatvórʲa]
guardar (vt)	съхраня	[səhranʲá]
apagar, eliminar (vt)	изтрия	[istríja]
copiar (vt)	копирам	[kopíram]
ordenar (vt)	сортирам	[sortíram]
copiar (vt)	копира	[kopíra]
programa (m)	програма (ж)	[prográma]
software (m)	софтуер (м)	[softuér]
programador (m)	програмист (м)	[programíst]
programar (vt)	програмирам	[programíram]
hacker (m)	хакер (м)	[háker]
senha (f)	парола (ж)	[paróla]
vírus (m)	вирус (м)	[vírus]
detetar (vt)	намеря	[namérʲa]

| byte (m) | байт (м) | [bajt] |
| megabyte (m) | мегабайт (м) | [megabájt] |

| dados (m pl) | данни (мн) | [dánni] |
| base (f) de dados | база (ж) данни | [báza dánni] |

cabo (m)	кабел (м)	[kábel]
desconectar (vt)	разединя	[razedinʲá]
conetar (vt)	съединя	[səedinʲá]

140. Internet. E-mail

internet (f)	интернет (м)	[internét]
browser (m)	браузър (м)	[bráuzər]
motor (m) de busca	търсачка (ж)	[tərsátʃka]
provedor (m)	интернет доставчик (м)	[ínternet dostáftʃik]

webmaster (m)	уеб майстор (м)	[web májstor]
website, sítio web (m)	уеб сайт (м)	[web sajt]
página (f) web	уеб страница (ж)	[web stránitsa]

| endereço (m) | адрес (м) | [adrés] |
| livro (m) de endereços | адресна книга (ж) | [adrésna kníga] |

caixa (f) de correio	пощенска кутия (ж)	[póʃtenska kutíja]
correio (m)	поща (ж)	[póʃta]
cheia (caixa de correio)	препълнен	[prepélnen]

mensagem (f)	съобщение (с)	[səobʃténie]
mensagens (f pl) recebidas	входящи съобщения (с мн)	[fhodʲáʃti səobʃténija]
mensagens (f pl) enviadas	изходящи съобщения (с мн)	[ishodʲáʃti səobʃténija]
remetente (m)	подател (м)	[podátel]
enviar (vt)	изпратя	[isprátʲa]
envio (m)	изпращане (с)	[ispráʃtane]

| destinatário (m) | получател (м) | [polutʃátel] |
| receber (vt) | получа | [polútʃa] |

| correspondência (f) | кореспонденция (ж) | [korespondéntsija] |
| corresponder-se (vr) | кореспондирам | [korespondíram] |

ficheiro (m)	файл (м)	[fajl]
fazer download, baixar	свалям	[sválʲam]
criar (vt)	създам	[səzdám]
apagar, eliminar (vt)	изтрия	[istríja]
eliminado	изтрит	[istrít]

conexão (f)	връзка (ж)	[vréska]
velocidade (f)	скорост (ж)	[skórost]
modem (m)	модем (м)	[modém]
acesso (m)	достъп (м)	[dóstəp]
porta (f)	порт (м)	[port]
conexão (f)	връзка (ж)	[vréska]
conetar (vi)	се свържа с ...	[se svérʒa s]

127

| escolher (vt) | избера | [izberá] |
| buscar (vt) | търся | [térsʲa] |

Transportes

141. Avião

avião (m)	самолет (м)	[samolét]
bilhete (m) de avião	самолетен билет (м)	[samoléten bilét]
companhia (f) aérea	авиокомпания (ж)	[aviokompánija]
aeroporto (m)	летище (с)	[letíʃte]
supersónico	свръхзвуков	[svrəh·zvúkov]
comandante (m) do avião	командир (м) на самолет	[komandír na samolét]
tripulação (f)	екипаж (м)	[ekipáʒ]
piloto (m)	пилот (м)	[pilót]
hospedeira (f) de bordo	стюардеса (ж)	[stʲuardésa]
copiloto (m)	щурман (м)	[ʃtúrman]
asas (f pl)	крила (мн)	[krilá]
cauda (f)	опашка (ж)	[opáʃka]
cabine (f) de pilotagem	кабина (ж)	[kabína]
motor (m)	двигател (м)	[dvigátel]
trem (m) de aterragem	шаси (мн)	[ʃasí]
turbina (f)	турбина (ж)	[turbína]
hélice (f)	перка (ж)	[pérka]
caixa-preta (f)	черна кутия (ж)	[ʧérna kutíja]
coluna (f) de controlo	кормило (с)	[kormílo]
combustível (m)	гориво (с)	[gorívo]
instruções (f pl) de segurança	инструкция (ж)	[instrúktsija]
máscara (f) de oxigénio	кислородна маска (ж)	[kisloródna máska]
uniforme (m)	униформа (ж)	[unifórma]
colete (m) salva-vidas	спасителна жилетка (ж)	[spasítelna ʒilétka]
paraquedas (m)	парашут (м)	[paraʃút]
descolagem (f)	излитане (с)	[izlítane]
descolar (vi)	излитам	[izlítam]
pista (f) de descolagem	писта (ж) за излитане	[písta za izlítane]
visibilidade (f)	видимост (ж)	[vídimost]
voo (m)	полет (м)	[pólet]
altura (f)	височина (ж)	[visoʧiná]
poço (m) de ar	въздушна яма (ж)	[vəzdúʃna jáma]
assento (m)	място (с)	[mʲásto]
auscultadores (m pl)	слушалки (ж мн)	[sluʃálki]
mesa (f) rebatível	прибираща се масичка (ж)	[pribíraʃta se másiʧka]
vigia (f)	илюминатор (м)	[ilʲuminátor]
passagem (f)	проход (м)	[próhot]

142. Comboio

comboio (m)	влак (м)	[vlak]
comboio (m) suburbano	електрически влак (м)	[elektrítʃeski vlak]
comboio (m) rápido	бърз влак (м)	[bérz vlak]
locomotiva (f) diesel	дизелов локомотив (м)	[dízelof lokomotíf]
locomotiva (f) a vapor	парен локомотив (м)	[páren lokomotíf]
carruagem (f)	вагон (м)	[vagón]
carruagem restaurante (f)	вагон-ресторант (м)	[vagón-restoránt]
carris (m pl)	релси (ж мн)	[rélsi]
caminho de ferro (m)	железница (ж)	[ʒeléznitsa]
travessa (f)	траверса (ж)	[travérsa]
plataforma (f)	платформа (ж)	[platfórma]
linha (f)	коловоз (м)	[kolovós]
semáforo (m)	семафор (м)	[semafór]
estação (f)	гара (ж)	[gára]
maquinista (m)	машинист (м)	[maʃiníst]
bagageiro (m)	носач (м)	[nosátʃ]
hospedeiro, -a (da carruagem)	стюард (м)	[stʲuárt]
passageiro (m)	пътник (м)	[pétnik]
revisor (m)	контрольор (м)	[kontrolʲór]
corredor (m)	коридор (м)	[koridór]
freio (m) de emergência	аварийна спирачка (ж)	[avaríjna spirátʃka]
compartimento (m)	купе (с)	[kupé]
cama (f)	легло (с)	[legló]
cama (f) de cima	горно легло (с)	[górno legló]
cama (f) de baixo	долно легло (с)	[dólno legló]
roupa (f) de cama	спално бельо (с)	[spálno belʲó]
bilhete (m)	билет (м)	[bilét]
horário (m)	разписание (с)	[raspisánie]
painel (m) de informação	табло (с)	[tabló]
partir (vt)	заминавам	[zaminávam]
partida (f)	заминаване (с)	[zaminávane]
chegar (vi)	пристигам	[pristígam]
chegada (f)	пристигане (с)	[pristígane]
chegar de comboio	пристигна с влак	[pristígna s vlak]
apanhar o comboio	качвам се във влак	[kátʃvam se vəf vlak]
sair do comboio	слизам от влак	[slízam ot vlak]
acidente (m) ferroviário	катастрофа (ж)	[katastrófa]
descarrilar (vi)	дерайлирам	[derajlíram]
locomotiva (f) a vapor	парен локомотив (м)	[páren lokomotíf]
fogueiro (m)	огняр (м)	[ognʲár]
fornalha (f)	пещ (ж) на локомотив	[peʃt na lokomotíf]
carvão (m)	въглища (ж)	[végliʃta]

143. Barco

navio (m)	кораб (м)	[kórap]
embarcação (f)	плавателен съд (м)	[plavátelen sət]
vapor (m)	параход (м)	[parahót]
navio (m)	моторен кораб (м)	[motóren kórap]
transatlântico (m)	рейсов кораб (м)	[réjsov kórap]
cruzador (m)	крайцер (м)	[krájtser]
iate (m)	яхта (ж)	[jáhta]
rebocador (m)	влекач (м)	[vlekátʃ]
barcaça (f)	шлеп (м)	[ʃlep]
ferry (m)	сал (м)	[sal]
veleiro (m)	платноходка (ж)	[platnohótka]
bergantim (m)	бригантина (ж)	[brigantína]
quebra-gelo (m)	ледоразбивач (м)	[ledo·razbivátʃ]
submarino (m)	подводница (ж)	[podvódnitsa]
bote, barco (m)	лодка (ж)	[lótka]
bote, dingue (m)	лодка (ж)	[lótka]
bote (m) salva-vidas	спасителна лодка (ж)	[spasítelna lótka]
lancha (f)	катер (м)	[káter]
capitão (m)	капитан (м)	[kapitán]
marinheiro (m)	матрос (м)	[matrós]
marujo (m)	моряк (м)	[morʲák]
tripulação (f)	екипаж (м)	[ekipáʒ]
contramestre (m)	боцман (м)	[bótsman]
grumete (m)	юнга (м)	[júnga]
cozinheiro (m) de bordo	корабен готвач (м)	[kóraben gotvátʃ]
médico (m) de bordo	корабен лекар (м)	[kóraben lékar]
convés (m)	палуба (ж)	[páluba]
mastro (m)	мачта (ж)	[mátʃta]
vela (f)	корабно платно (c)	[kórabno platnó]
porão (m)	трюм (м)	[trʲum]
proa (f)	нос (м)	[nos]
popa (f)	кърма (ж)	[kərmá]
remo (m)	гребло (c)	[grebló]
hélice (f)	витло (c)	[vitló]
camarote (m)	каюта (ж)	[kajúta]
sala (f) dos oficiais	каюткомпания (ж)	[kajut kompánija]
sala (f) das máquinas	машинно отделение (c)	[maʃínno otdelénie]
ponte (m) de comando	капитански мостик (м)	[kapitánski móstik]
sala (f) de comunicações	радиобудка (ж)	[rádiobútka]
onda (f) de rádio	вълна (ж)	[vəlná]
diário (m) de bordo	корабен дневник (м)	[kóraben dnévnik]
luneta (f)	далекоглед (м)	[dalekoglét]
sino (m)	камбана (ж)	[kambána]

bandeira (f)	знаме (c)	[známe]
cabo (m)	дебело въже (c)	[debélo vəʒé]
nó (m)	възел (м)	[vézel]

corrimão (m)	дръжка (ж)	[dréʃka]
prancha (f) de embarque	трап (м)	[trap]

âncora (f)	котва (ж)	[kótva]
recolher a âncora	вдигна котва	[vdígna kótva]
lançar a âncora	хвърля котва	[hvárlʲa kótva]
amarra (f)	котвена верига (ж)	[kótvena veríga]

porto (m)	пристанище (c)	[pristániʃte]
cais, amarradouro (m)	кей (м)	[kej]
atracar (vi)	акостирам	[akostíram]
desatracar (vi)	отплувам	[otplúvam]

viagem (f)	пътешествие (c)	[pəteʃéstvie]
cruzeiro (m)	морско пътешествие (c)	[mórsko pəteʃéstvie]
rumo (m), rota (f)	курс (м)	[kurs]
itinerário (m)	маршрут (м)	[marʃrút]

canal (m) navegável	фарватер (м)	[farváter]
banco (m) de areia	плитчина (ж)	[plittʃiná]
encalhar (vt)	заседна на плитчина	[zasédna na plittʃiná]

tempestade (f)	буря (ж)	[búrʲa]
sinal (m)	сигнал (м)	[signál]
afundar-se (vr)	потъвам	[potévam]
SOS	SOS	[sos]
boia (f) salva-vidas	спасителен пояс (м)	[spasítilen pójas]

144. Aeroporto

aeroporto (m)	летище (c)	[letíʃte]
avião (m)	самолет (м)	[samolét]
companhia (f) aérea	авиокомпания (ж)	[aviokompánija]
controlador (m) de tráfego aéreo	авиодиспечер (м)	[aviodispétʃer]

partida (f)	излитане (c)	[izlítane]
chegada (f)	кацане (c)	[kátsane]
chegar (~ de avião)	кацна	[kátsna]

hora (f) de partida	време (c) на излитане	[vréme na izlítane]
hora (f) de chegada	време (c) на кацане	[vréme na kátsane]

estar atrasado	закъснявам	[zakəsnʲávam]
atraso (m) de voo	закъснение (c) на излитане	[zakəsnénie na izlítane]

painel (m) de informação	информационно табло (c)	[informatsiónno tabló]
informação (f)	информация (ж)	[informátsija]
anunciar (vt)	обявявам	[obʲavʲávam]
voo (m)	рейс (м)	[rejs]

alfândega (f)	митница (ж)	[mítnitsa]
funcionário (m) da alfândega	митничар (м)	[mitniʧár]

declaração (f) alfandegária	декларация (ж)	[deklarátsija]
preencher (vt)	попълня	[popélnʲa]
preencher a declaração	попълня декларация	[popélnʲa deklarátsija]
controlo (m) de passaportes	паспортен контрол (м)	[paspórten kontról]

bagagem (f)	багаж (м)	[bagáʃ]
bagagem (f) de mão	ръчен багаж (м)	[rétʃen bagáʃ]
carrinho (m)	количка (ж)	[kolíʧka]

aterragem (f)	кацане (с)	[kátsane]
pista (f) de aterragem	писта (ж) за кацане	[písta za kátsane]
aterrar (vi)	кацам	[kátsam]
escada (f) de avião	стълба (ж)	[stélba]

check-in (m)	регистрация (ж)	[registrátsija]
balcão (m) do check-in	гише (с) за регистрация	[giʃé za registrátsija]
fazer o check-in	регистрирам се	[registríram se]
cartão (m) de embarque	бордна карта (ж)	[bórdna kárta]
porta (f) de embarque	излизане (с)	[izlízane]

trânsito (m)	транзит (м)	[tranzít]
esperar (vi, vt)	чакам	[ʧákam]
sala (f) de espera	чакалня (ж)	[ʧakálnʲa]
despedir-se de …	изпращам	[ispráʃtam]
despedir-se (vr)	сбогувам се	[sbogúvam se]

145. Bicicleta. Motocicleta

bicicleta (f)	колело (с)	[koleló]
scotter, lambreta (f)	моторолер (м)	[motoróler]
mota (f)	мотоциклет (м)	[mototsiklét]

ir de bicicleta	карам колело	[káram koleló]
guiador (m)	волан (м)	[volán]
pedal (m)	педал (м)	[pedál]
travões (m pl)	спирачки (ж мн)	[spiráʧki]
selim (m)	седло (с)	[sedló]

bomba (f) de ar	помпа (ж)	[pómpa]
porta-bagagens (m)	багажник (м)	[bagáʒnik]
lanterna (f)	фенер (м)	[fenér]
capacete (m)	шлем (м)	[ʃlem]

roda (f)	колело (с)	[koleló]
guarda-lamas (m)	калник (с)	[kálnik]
aro (m)	джанта (ж)	[dʒánta]
raio (m)	спица (ж)	[spítsa]

Carros

146. Tipos de carros

carro, automóvel (m)	автомобил (м)	[aftomobíl]
carro (m) desportivo	спортен автомобил (м)	[spórten aftomobíl]
limusine (f)	лимузина (ж)	[limuzína]
todo o terreno (m)	джип (м)	[dʒip]
descapotável (m)	кабриолет (м)	[kabriolét]
minibus (m)	микробус (м)	[mikrobús]
ambulância (f)	бърза помощ (ж)	[bérza pómoʃt]
limpa-neve (m)	снегорин (м)	[snegorín]
camião (m)	камион (м)	[kamión]
camião-cisterna (m)	автоцистерна (ж)	[aftotsistérna]
carrinha (f)	фургон (м)	[furgón]
camião-trator (m)	влекач (м)	[vlekátʃ]
atrelado (m)	ремарке (с)	[remarké]
confortável	комфортен	[komfórten]
usado	употребяван	[upotrebʲávan]

147. Carros. Carroçaria

capô (m)	капак (м)	[kapák]
guarda-lamas (m)	калник (м)	[kálnik]
tejadilho (m)	покрив (м)	[pókriv]
para-brisa (m)	предно стъкло (с)	[prédno stəkló]
espelho (m) retrovisor	огледало (с) за задно виждане	[ogledálo za zádno víʒdane]
lavador (m)	стъкломиячка (ж)	[stəklomijátʃka]
limpa-para-brisas (m)	чистачки (ж мн)	[tʃistátʃki]
vidro (m) lateral	странично стъкло (с)	[stranítʃno stəkló]
elevador (m) do vidro	стъклоповдигач (м)	[stəklo·povdigátʃ]
antena (f)	антена (ж)	[anténa]
teto solar (m)	шибидах (м)	[ʃibidáh]
para-choques (m pl)	броня (ж)	[brónʲa]
bagageira (f)	багажник (м)	[bagáʒnik]
bagageira (f) de tejadilho	багажник (м) на покрива	[bagáʒnik na pókriva]
porta (f)	врата (ж)	[vratá]
maçaneta (f)	дръжка (ж)	[dréʃka]
fechadura (f)	ключалка (ж)	[klʲutʃálka]
matrícula (f)	номер (м)	[nómer]

silenciador (m)	гърне (c)	[gərné]
tanque (m) de gasolina	резервоар (м) за бензин	[rezervoár za benzín]
tubo (m) de escape	ауспух (м)	[áuspuh]

acelerador (m)	газ (м)	[gas]
pedal (m)	педал (м)	[pedál]
pedal (m) do acelerador	газ (м)	[gas]

travão (m)	спирачки (ж мн)	[spirátʃki]
pedal (m) do travão	спирачка (ж)	[spirátʃka]
travar (vt)	удрям спирачка	[údrʲam spirátʃka]
travão (m) de mão	ръчна спирачка (ж)	[rətʃna spirátʃka]

embraiagem (f)	съединител (м)	[səedinítel]
pedal (m) da embraiagem	педал (м) на съединител	[pedál na səedinítel]
disco (m) de embraiagem	диск (м) на съединител	[disk na səedinítel]
amortecedor (m)	амортизатор (м)	[amortizátor]

roda (f)	колело (c)	[koleló]
pneu (m) sobresselente	резервна гума (ж)	[rezérvna gúma]
pneu (m)	гума (ж)	[gúma]
tampão (m) de roda	капак (м)	[kapák]

rodas (f pl) motrizes	водещи колела (мн)	[vódeʃti kolelá]
de tração dianteira	с предно задвижване	[s prédno zadvíʒvane]
de tração traseira	със задно задвижване	[səs zádno zadvíʒvane]
de tração às 4 rodas	с пълно задвижване	[s pélno zadvíʒvane]

caixa (f) de mudanças	скоростна кутия (ж)	[skórostna kutíja]
automático	автоматичен	[aftomatítʃen]
mecânico	механически	[mehanítʃeski]
alavanca (f) das mudanças	лост (м) на скоростна кутия	[lost na skórostna kutíja]

| farol (m) | фар (м) | [far] |
| faróis, luzes | фарове (м мн) | [fárove] |

médios (m pl)	къси светлини (ж мн)	[kési svetliní]
máximos (m pl)	дълги светлини (ж мн)	[délgi svetliní]
luzes (f pl) de stop	сигнал (м) стоп	[signál stop]

mínimos (m pl)	габаритни светлини (ж мн)	[gabarítni svetliní]
luzes (f pl) de emergência	аварийни светлини (ж мн)	[avaríjni svetliní]
faróis (m pl) antinevoeiro	фарове (м мн) за мъгла	[fárove za məglá]
pisca-pisca (m)	мигач (м)	[migátʃ]
luz (f) de marcha atrás	заден ход (м)	[záden hot]

148. Carros. Habitáculo

interior (m) do carro	салон (м)	[salón]
de couro, de pele	кожен	[kóʒen]
de veludo	велурен	[velúren]
estofos (m pl)	тапицерия (ж)	[tapitsérija]
indicador (m)	уред (м)	[úret]

135

painel (m) de instrumentos	бордово табло (с)	[bórdovo tabló]
velocímetro (m)	скоростомер (м)	[skorostomér]
ponteiro (m)	стрелка (ж)	[strelká]

conta-quilómetros (m)	километраж (м)	[kilometráʃ]
sensor (m)	датчик (м)	[dáttʃik]
nível (m)	ниво (с)	[nivó]
luz (f) avisadora	крушка (ж)	[krúʃka]

volante (m)	волан (м)	[volán]
buzina (f)	сигнал (м)	[signál]
botão (m)	бутон (м)	[butón]
interruptor (m)	превключвател (м)	[prefklʲutʃvátel]

assento (m)	седалка (ж)	[sedálka]
costas (f pl) do assento	облегалка (ж)	[oblegálka]
cabeceira (f)	подглавник (м)	[podglávnik]
cinto (m) de segurança	предпазен колан (м)	[predpázen kolán]
apertar o cinto	слагам колан	[slágam kolán]
regulação (f)	регулиране (с)	[regulírane]

airbag (m)	въздушна възглавница (ж)	[vəzdúʃna vəzglávnitsa]
ar (m) condicionado	климатик (м)	[klimatík]

rádio (m)	радио (с)	[rádio]
leitor (m) de CD	CD плейър (м)	[sidí pléər]
ligar (vt)	включа	[fklʲútʃa]
antena (f)	антена (ж)	[anténa]
porta-luvas (m)	жабка (ж)	[ʒábka]
cinzeiro (m)	пепелник (м)	[pepelník]

149. Carros. Motor

motor (m)	двигател (м)	[dvigátel]
motor (m)	мотор (м)	[motór]
diesel	дизелов	[dízelof]
a gasolina	бензинов	[benzínov]

cilindrada (f)	обем (м) на двигателя	[obém na dvigátelʲa]
potência (f)	мощност (ж)	[móʃtnost]
cavalo-vapor (m)	конска сила (ж)	[kónska síla]
pistão (m)	бутало (с)	[butálo]
cilindro (m)	цилиндър (м)	[tsilíndər]
válvula (f)	клапа (ж)	[klápa]

injetor (m)	инжектор (м)	[inʒéktor]
gerador (m)	генератор (м)	[generátor]
carburador (m)	карбуратор (м)	[karburátor]
óleo (m) para motor	моторно масло (с)	[motórno masló]

radiador (m)	радиатор (м)	[radiátor]
refrigerante (m)	охлаждаща течност (ж)	[ohláʒdaʃta tétʃnost]
ventilador (m)	вентилатор (м)	[ventilátor]
bateria (f)	акумулатор (м)	[akumulátor]

dispositivo (m) de arranque	стартер (м)	[stárter]
ignição (f)	запалване (с)	[zapálvane]
vela (f) de ignição	запалителна свещ (ж)	[zapalítelna sveʃt]

borne (m)	клема (ж)	[kléma]
borne (m) positivo	плюс (м)	[plʲus]
borne (m) negativo	минус (м)	[mínus]
fusível (m)	предпазител (м)	[predpázitel]

filtro (m) de ar	въздушен филтър (м)	[vəzdúʃen fíltər]
filtro (m) de óleo	маслен филтър (м)	[máslen fíltər]
filtro (m) de combustível	филтър (м) за гориво	[fíltər za gorívo]

150. Carros. Batidas. Reparação

acidente (m) de carro	катастрофа (ж)	[katastrófa]
acidente (m) rodoviário	пътно-транспортно произшествие (с)	[pətno-transpórtno proisʃéstvie]
ir contra ...	блъсна се в ...	[blésna se v]
sofrer um acidente	катастрофирам	[katastrofíram]
danos (m pl)	повреда (ж)	[povréda]
intato	цял	[tsʲal]

avaria (no motor, etc.)	счупване (с)	[stʃúpvane]
avariar (vi)	счупя се	[stʃúpʲa se]
cabo (m) de reboque	автомобилно въже (с)	[aftomobílno vəʒé]

furo (m)	спукване (с)	[spúkvane]
estar furado	спусна	[spúsna]
encher (vt)	напомпвам	[napómpvam]
pressão (f)	налягане (с)	[nalʲágane]
verificar (vt)	проверя	[proverʲá]

reparação (f)	ремонт (м)	[remónt]
oficina (f) de reparação de carros	автосервиз (м)	[aftoservís]
peça (f) sobresselente	резервна част (ж)	[rezérvna tʃast]
peça (f)	детайл (м)	[detájl]

parafuso (m)	болт (м)	[bolt]
parafuso (m)	винт (м)	[vint]
porca (f)	гайка (ж)	[gájka]
anilha (f)	шайба (ж)	[ʃájba]
rolamento (m)	лагер (м)	[láger]

tubo (m)	тръба (ж)	[trəbá]
junta (f)	уплътнение (с)	[uplətnénie]
fio, cabo (m)	кабел (м)	[kábel]

macaco (m)	крик (м)	[krik]
chave (f) de boca	гаечен ключ (м)	[gáetʃen klʲutʃ]
martelo (m)	чук (м)	[tʃuk]
bomba (f)	помпа (ж)	[pómpa]
chave (f) de fendas	отвертка (ж)	[otvértka]

| extintor (m) | пожарогасител (м) | [poʒarogasítel] |
| triângulo (m) de emergência | авариен триъгълник (м) | [avaríen triégəlnik] |

parar (vi) (motor)	заглъхвам	[zagléhvam]
paragem (f)	спиране (c)	[spírane]
estar quebrado	счупен съм	[stʃúpen səm]

superaquecer-se (vr)	прегря се	[pregrʲá se]
entupir-se (vr)	запуша се	[zapúʃa se]
congelar-se (vr)	замръзна	[zamrézna]
rebentar (vi)	спука се	[spúka se]

pressão (f)	налягане (c)	[nalʲágane]
nível (m)	ниво (c)	[nivó]
frouxo	слаб	[slap]

mossa (f)	вдлъбнатина (ж)	[vdləbnatiná]
ruído (m)	тракане (c)	[trákane]
fissura (f)	пукнатина (ж)	[puknatiná]
arranhão (m)	драскотина (ж)	[draskotína]

151. Carros. Estrada

estrada (f)	път (м)	[pət]
autoestrada (f)	автомагистрала (ж)	[aftomagistrála]
rodovia (f)	шосе (c)	[ʃosé]
direção (f)	посока (ж)	[posóka]
distância (f)	разстояние (c)	[rastojánie]

ponte (f)	мост (м)	[most]
parque (m) de estacionamento	паркинг (м)	[párking]
praça (f)	площад (м)	[ploʃtát]
nó (m) rodoviário	кръстовище (c)	[krəstóviʃte]
túnel (m)	тунел (м)	[tunél]

posto (m) de gasolina	бензиностанция (ж)	[benzino·stántsija]
parque (m) de estacionamento	паркинг (м)	[párking]
bomba (f) de gasolina	колонка (ж)	[kolónka]
oficina (f) de reparação de carros	автосервиз (м)	[aftoservís]
abastecer (vt)	заредя	[zaredʲá]
combustível (m)	гориво (c)	[gorívo]
bidão (m) de gasolina	туба (ж)	[túba]

asfalto (m)	асфалт (м)	[asfált]
marcação (f) de estradas	маркировка (ж)	[markirófka]
lancil (m)	бордюр (м)	[bordʲúr]
proteção (f) guard-rail	мантинела (ж)	[mantinéla]
valeta (f)	канавка (ж)	[kanáfka]
berma (f) da estrada	банкет (м)	[bankét]
poste (m) de luz	стълб (м)	[stəlp]

| conduzir, guiar (vt) | карам | [káram] |
| virar (ex. ~ à direita) | завивам | [zavívam] |

| dar retorno | обръщам се | [obréʃtam se] |
| marcha-atrás (f) | заден ход (м) | [záden hot] |

buzinar (vi)	сигнализирам	[signalizíram]
buzina (f)	звуков сигнал (м)	[zvúkof signál]
atolar-se (vr)	заседна	[zasédna]
patinar (na lama)	буксувам	[buksúvam]
desligar (vt)	гася	[gasʲá]

velocidade (f)	скорост (ж)	[skórost]
exceder a velocidade	превиша скорост	[previʃá skórost]
multar (vt)	глобявам	[globʲávam]
semáforo (m)	светофар (м)	[svetofár]
carta (f) de condução	шофьорска книжка (ж)	[ʃofʲórska kníʃka]

passagem (f) de nível	прелез (м)	[prélez]
cruzamento (m)	кръстовище (с)	[krəstóviʃte]
passadeira (f)	пешеходна пътека (ж)	[peʃehódna pətéka]
curva (f)	завой (м)	[zavój]
zona (f) pedonal	пешеходна зона (ж)	[peʃehódna zóna]

PESSOAS. EVENTOS

Eventos

152. Férias. Evento

festa (f)	празник (м)	[práznik]
festa (f) nacional	национален празник (м)	[natsiónalen práznik]
feriado (m)	празничен ден (м)	[práznitʃen den]
festejar (vt)	празнувам	[praznúvam]

evento (festa, etc.)	събитие (c)	[səbítie]
evento (banquete, etc.)	мероприятие (c)	[meroprijátie]
banquete (m)	банкет (м)	[bankét]
receção (f)	прием (м)	[príem]
festim (m)	пир (м)	[pir]

aniversário (m)	годишнина (ж)	[godíʃnina]
jubileu (m)	юбилей (м)	[jubiléj]
celebrar (vt)	отбележа	[otbeléʒa]

Ano (m) Novo	Нова година (ж)	[nóva godína]
Feliz Ano Novo!	Честита нова година!	[tʃestíta nóva godína]

Natal (m)	Коледа	[kóleda]
Feliz Natal!	Весела Коледа!	[vésela kóleda]
árvore (f) de Natal	коледна елха (ж)	[kóledna elhá]
fogo (m) de artifício	заря (ж)	[zarʲá]

boda (f)	сватба (ж)	[svátba]
noivo (m)	годеник (м)	[godeník]
noiva (f)	годеница (ж)	[godenítsa]

convidar (vt)	каня	[kánʲa]
convite (m)	покана (ж)	[pokána]

convidado (m)	гост (м)	[gost]
visitar (vt)	отивам на гости	[otívam na gósti]
receber os hóspedes	посрещам гости	[posréʃtam gósti]

presente (m)	подарък (м)	[podárək]
oferecer (vt)	подарявам	[podarʲávam]
receber presentes	получавам подаръци	[polutʃávam podárətsi]
ramo (m) de flores	букет (м)	[bukét]

felicitações (f pl)	поздравление (c)	[pozdravlénie]
felicitar (dar os parabéns)	поздравявам	[pozdravʲávam]
cartão (m) de parabéns	поздравителна картичка (ж)	[pozdravítelna kártitʃka]

| enviar um postal | изпратя картичка | [isprát'a kártitʃka] |
| receber um postal | получа картичка | [polútʃa kártitʃka] |

brinde (m)	тост (м)	[tost]
oferecer (vt)	черпя	[tʃérp'a]
champanhe (m)	шампанско (с)	[ʃampánsko]

divertir-se (vr)	веселя се	[vesel'á se]
diversão (f)	веселба (ж)	[veselbá]
alegria (f)	радост (ж)	[rádost]

| dança (f) | танц (м) | [tants] |
| dançar (vi) | танцувам | [tantsúvam] |

| valsa (f) | валс (м) | [vals] |
| tango (m) | танго (с) | [tangó] |

153. Funerais. Enterro

cemitério (m)	гробища (мн)	[gróbiʃta]
sepultura (f), túmulo (m)	гроб (м)	[grop]
cruz (f)	кръст (м)	[krəst]
lápide (f)	надгробен паметник (м)	[nadgróben pámetnik]
cerca (f)	ограда (ж)	[ográda]
capela (f)	параклис (м)	[paráklis]

morte (f)	смърт (ж)	[smərt]
morrer (vi)	умра	[umrá]
defunto (m)	покойник (м)	[pokójnik]
luto (m)	траур (м)	[tráur]

enterrar, sepultar (vt)	погребвам	[pogrébvam]
agência (f) funerária	погребални услуги (мн)	[pogrebálni uslúgi]
funeral (m)	погребение (с)	[pogrebénie]

coroa (f) de flores	венец (м)	[venéts]
caixão (m)	ковчег (м)	[koftʃék]
carro (m) funerário	катафалка (ж)	[katafálka]
mortalha (f)	саван (м)	[saván]

procissão (f) funerária	погребално шествие (с)	[pogrebálno ʃéstvie]
urna (f) funerária	урна (ж)	[úrna]
crematório (m)	крематориум (м)	[krematórium]

obituário (m), necrologia (f)	некролог (м)	[nekrolók]
chorar (vi)	плача	[plátʃa]
soluçar (vi)	ридая	[ridája]

154. Guerra. Soldados

| pelotão (m) | взвод (м) | [vzvot] |
| companhia (f) | рота (ж) | [róta] |

regimento (m)	полк (м)	[polk]
exército (m)	армия (ж)	[ármija]
divisão (f)	дивизия (ж)	[divízija]

| destacamento (m) | отряд (м) | [otrʲát] |
| hoste (f) | войска (ж) | [vojská] |

| soldado (m) | войник (м) | [vojník] |
| oficial (m) | офицер (м) | [ofitsér] |

soldado (m) raso	редник (м)	[rédnik]
sargento (m)	сержант (м)	[serʒánt]
tenente (m)	лейтенант (м)	[lejtenánt]
capitão (m)	капитан (м)	[kapitán]
major (m)	майор (м)	[majór]
coronel (m)	полковник (м)	[polkóvnik]
general (m)	генерал (м)	[generál]

marujo (m)	моряк (м)	[morʲák]
capitão (m)	капитан (м)	[kapitán]
contramestre (m)	боцман (м)	[bótsman]

artilheiro (m)	артилерист (м)	[artileríst]
soldado (m) paraquedista	десантчик (м)	[desánttʃik]
piloto (m)	летец (м)	[letéts]
navegador (m)	щурман (м)	[ʃtúrman]
mecânico (m)	механик (м)	[mehánik]

sapador (m)	сапьор (м)	[sapʲór]
paraquedista (m)	парашутист (м)	[paraʃutíst]
explorador (m)	разузнавач (м)	[razuznaváʧ]
franco-atirador (m)	снайперист (м)	[snajperíst]

patrulha (f)	патрул (м)	[patrúl]
patrulhar (vt)	патрулирам	[patrulíram]
sentinela (f)	часови (м)	[ʧasoví]

| guerreiro (m) | войник (м) | [vojník] |
| patriota (m) | патриот (м) | [patriót] |

| herói (m) | герой (м) | [gerój] |
| heroína (f) | героиня (ж) | [geroínʲa] |

| traidor (m) | предател (м) | [predátel] |
| trair (vt) | предавам | [predávam] |

| desertor (m) | дезертьор (м) | [dezertʲór] |
| desertar (vt) | дезертирам | [dezertíram] |

mercenário (m)	наемник (м)	[naémnik]
recruta (m)	новобранец (м)	[novobránets]
voluntário (m)	доброволец (м)	[dobrovólets]

morto (m)	убит (м)	[ubít]
ferido (m)	ранен (м)	[ranén]
prisioneiro (m) de guerra	пленник (м)	[plénnik]

155. Guerra. Ações militares. Parte 1

guerra (f)	война (ж)	[vojná]
guerrear (vt)	воювам	[vojúvam]
guerra (f) civil	гражданска война (ж)	[gráʒdanska vojná]
perfidamente	вероломно	[verolómno]
declaração (f) de guerra	обявяване (с)	[obʲavʲávane]
declarar (vt) guerra	обявя	[obʲavʲá]
agressão (f)	агресия (ж)	[agrésija]
atacar (vt)	нападам	[napádam]
invadir (vt)	завземам	[zavzémam]
invasor (m)	окупатор (м)	[okupátor]
conquistador (m)	завоевател (м)	[zavoevátel]
defesa (f)	отбрана (ж)	[otbrána]
defender (vt)	отбранявам	[otbranʲávam]
defender-se (vr)	отбранявам се	[otbranʲávam se]
inimigo (m)	враг (м)	[vrak]
adversário (m)	противник (м)	[protívnik]
inimigo	вражески	[vráʒeski]
estratégia (f)	стратегия (ж)	[stratégija]
tática (f)	тактика (ж)	[táktika]
ordem (f)	заповед (ж)	[zápovet]
comando (m)	команда (ж)	[kománda]
ordenar (vt)	заповядвам	[zapovʲádvam]
missão (f)	задача (ж)	[zadátʃa]
secreto	секретен	[sekréten]
batalha (f)	сражение (с)	[sraʒénie]
combate (m)	бой (м)	[boj]
ataque (m)	атака (ж)	[atáka]
assalto (m)	щурм (м)	[ʃturm]
assaltar (vt)	щурмувам	[ʃturmúvam]
assédio, sítio (m)	обсада (ж)	[obsáda]
ofensiva (f)	настъпление (с)	[nastəplénie]
passar à ofensiva	настъпвам	[nastépvam]
retirada (f)	отстъпление (с)	[otstəplénie]
retirar-se (vr)	отстъпвам	[otstépvam]
cerco (m)	обкръжение (с)	[opkrəʒénie]
cercar (vt)	обкръжавам	[opkrəʒávam]
bombardeio (m)	бомбардиране (с)	[bombardírane]
lançar uma bomba	хвърлям бомба	[hvérlʲam bómba]
bombardear (vt)	бомбардирам	[bombardíram]
explosão (f)	експлозия (ж)	[eksplózija]
tiro (m)	изстрел (м)	[ísstrel]

143

| disparar um tiro | изстрелям | [isstrél'am] |
| tiroteio (m) | стрелба (ж) | [strelbá] |

apontar para ...	целя се	[tsél'a se]
apontar (vt)	насоча	[nasótʃa]
acertar (vt)	улуча	[ulútʃa]

afundar (um navio)	потопя	[potop'á]
brecha (f)	дупка (ж)	[dúpka]
afundar-se (vr)	потъвам	[potévam]

frente (m)	фронт (м)	[front]
evacuação (f)	евакуация (ж)	[evakuátsija]
evacuar (vt)	евакуирам	[evakuíram]

arame (m) farpado	бодлив тел (м)	[bodlív tel]
obstáculo (m) anticarro	заграждение (с)	[zagraʒdénie]
torre (f) de vigia	кула (ж)	[kúla]

hospital (m)	военна болница (ж)	[voénna bólnitsa]
ferir (vt)	раня	[ran'á]
ferida (f)	рана (ж)	[rána]
ferido (m)	ранен (м)	[ranón]
ficar ferido	получа нараняване	[polútʃa naran'ávane]
grave (ferida ~)	тежък	[téʒək]

156. Armas

arma (f)	оръжие (с)	[oréʒie]
arma (f) de fogo	огнестрелно оръжие (с)	[ognestrélno oréʒie]
arma (f) branca	хладно оръжие (с)	[hládno oréʒie]

arma (f) química	химическо оръжие (с)	[himítʃesko oréʒie]
nuclear	ядрен	[jádren]
arma (f) nuclear	ядрено оръжие (с)	[jádreno oréʒie]

| bomba (f) | бомба (ж) | [bómba] |
| bomba (f) atómica | атомна бомба (ж) | [átomna bómba] |

pistola (f)	пистолет (м)	[pistolét]
caçadeira (f)	пушка (ж)	[púʃka]
pistola-metralhadora (f)	автомат (м)	[aftomát]
metralhadora (f)	картечница (ж)	[kartétʃnitsa]

boca (f)	дуло (с)	[dúlo]
cano (m)	цев (м)	[tsev]
calibre (m)	калибър (м)	[kalíbər]

gatilho (m)	спусък (м)	[spúsək]
mira (f)	мерник (м)	[mérnik]
carregador (m)	магазин (м)	[magazín]
coronha (f)	приклад (м)	[priklát]
granada (f) de mão	граната (ж)	[granáta]
explosivo (m)	експлозив (с)	[eksplozíf]

bala (f)	куршум (м)	[kurʃúm]
cartucho (m)	патрон (м)	[patrón]
carga (f)	заряд (м)	[zarʲát]
munições (f pl)	боеприпаси (мн)	[boeprípasi]

bombardeiro (m)	бомбардировач (м)	[bombardirovátʃ]
avião (m) de caça	изтребител (м)	[istrebítel]
helicóptero (m)	хеликоптер (м)	[helikópter]

canhão (m) antiaéreo	зенитно оръдие (с)	[zenítno orédie]
tanque (m)	танк (м)	[tank]
canhão (de um tanque)	оръдие (с)	[orédie]

artilharia (f)	артилерия (ж)	[artilérija]
fazer a pontaria	насоча	[nasótʃa]

obus (m)	снаряд (м)	[snarʲát]
granada (f) de morteiro	мина (ж)	[mína]
morteiro (m)	миномет (м)	[minomét]
estilhaço (m)	парче (с)	[partʃé]

submarino (m)	подводница (ж)	[podvódnitsa]
torpedo (m)	торпедо (с)	[torpédo]
míssil (m)	ракета (ж)	[rakéta]

carregar (uma arma)	зареждам	[zaréʒdam]
atirar, disparar (vi)	стрелям	[strélʲam]
apontar para ...	целя се в ...	[tsélʲa se v]
baioneta (f)	щик (м)	[ʃtik]

espada (f)	шпага (ж)	[ʃpága]
sabre (m)	сабя (ж)	[sábʲa]
lança (f)	копие (с)	[kópie]
arco (m)	лък (м)	[lək]
flecha (f)	стрела (ж)	[strelá]
mosquete (m)	мускет (м)	[muskét]
besta (f)	арбалет (м)	[arbalét]

157. Povos da antiguidade

primitivo	първобитен	[pərvobíten]
pré-histórico	доисторически	[doistorítʃeski]
antigo	древен	[dréven]

Idade (f) da Pedra	Каменен век (м)	[kámenen vek]
Idade (f) do Bronze	бронзова епоха (ж)	[brónzova epóha]
período (m) glacial	ледникова епоха (ж)	[lédnikova epóha]

tribo (f)	племе (с)	[pléme]
canibal (m)	човекоядец (м)	[tʃovekojádets]
caçador (m)	ловец (м)	[lovéts]
caçar (vi)	ловувам	[lovúvam]
mamute (m)	мамут (м)	[mamút]
caverna (f)	пещера (ж)	[peʃterá]

fogo (m)	огън (м)	[ógən]
fogueira (f)	клада (ж)	[kláda]
pintura (f) rupestre	скална рисунка (ж)	[skálna risúnka]

ferramenta (f)	оръдие (с) на труда	[orédie na trudá]
lança (f)	копие (с)	[kópie]
machado (m) de pedra	каменна брадва (ж)	[kámenna brádva]
guerrear (vt)	воювам	[vojúvam]
domesticar (vt)	опитомявам	[opitomʲávam]

ídolo (m)	идол (м)	[ídol]
adorar, venerar (vt)	покланям се	[poklánʲam se]
superstição (f)	суеверие (с)	[suevérie]

evolução (f)	еволюция (ж)	[evolʲútsija]
desenvolvimento (m)	развитие (с)	[razvítie]
desaparecimento (m)	изчезване (с)	[iztʃézvane]
adaptar-se (vr)	приспособявам се	[prisposobʲávam se]

arqueologia (f)	археология (ж)	[arheológija]
arqueólogo (m)	археолог (м)	[arheolók]
arqueológico	археологически	[arheologítʃeski]

local (m) das escavações	разкопки (мн)	[raskópki]
escavações (f pl)	разкопки (мн)	[raskópki]
achado (m)	находка (ж)	[nahótka]
fragmento (m)	фрагмент (м)	[fragmént]

158. Idade média

povo (m)	народ (м)	[narót]
povos (m pl)	народи (м мн)	[naródi]
tribo (f)	племе (с)	[pléme]
tribos (f pl)	племена (с мн)	[plemená]

bárbaros (m pl)	варвари (м мн)	[várvari]
gauleses (m pl)	гали (м мн)	[gáli]
godos (m pl)	готи (м мн)	[góti]
eslavos (m pl)	славяни (м мн)	[slavʲáni]
víquingues (m pl)	викинги (м мн)	[víkingi]

| romanos (m pl) | римляни (м мн) | [rímlʲani] |
| romano | римски | [rímski] |

bizantinos (m pl)	византийци (м мн)	[vizantíjtsi]
Bizâncio	Византия (ж)	[vizántija]
bizantino	византийски	[vizantíjski]

imperador (m)	император (м)	[imperátor]
líder (m)	вожд (м)	[voʒt]
poderoso	могъщ	[mogéʃt]
rei (m)	крал (м)	[kral]
governante (m)	владетел (м)	[vladétel]
cavaleiro (m)	рицар (м)	[rítsar]

senhor feudal (m)	феодал (м)	[feodál]
feudal	феодален	[feodálen]
vassalo (m)	васал (м)	[vasál]

duque (m)	херцог (м)	[hertsók]
conde (m)	граф (м)	[graf]
barão (m)	барон (м)	[barón]
bispo (m)	епископ (м)	[episkóp]

armadura (f)	доспехи (мн)	[dospéhi]
escudo (m)	щит (м)	[ʃtit]
espada (f)	меч (м)	[metʃ]
viseira (f)	забрало (с)	[zabrálo]
cota (f) de malha	ризница (ж)	[ríznitsa]

| cruzada (f) | кръстоносен поход (м) | [krəstonósen póhot] |
| cruzado (m) | кръстоносец (м) | [krəstonósets] |

território (m)	територия (ж)	[teritórija]
atacar (vt)	нападам	[napádam]
conquistar (vt)	завоювам	[zavojúvam]
ocupar, invadir (vt)	завзема	[zavzéma]

assédio, sítio (m)	обсада (ж)	[obsáda]
sitiado	обсаден	[opsadén]
assediar, sitiar (vt)	обсаждам	[opsáʒdam]

inquisição (f)	инквизиция (ж)	[inkvizítsija]
inquisidor (m)	инквизитор (м)	[inkvizítor]
tortura (f)	измъчване (с)	[izmətʃvane]
cruel	жесток	[ʒestók]
herege (m)	еретик (м)	[eretík]
heresia (f)	ерес (ж)	[éres]

navegação (f) marítima	мореплаване (с)	[moreplávane]
pirata (m)	пират (м)	[pirát]
pirataria (f)	пиратство (с)	[pirátstvo]
abordagem (f)	абордаж (м)	[abordáʒ]
presa (f), butim (m)	плячка (ж)	[plʲátʃka]
tesouros (m pl)	съкровища (с мн)	[səkróviʃta]

descobrimento (m)	откритие (с)	[otkrítie]
descobrir (novas terras)	откривам	[otkrívam]
expedição (f)	експедиция (ж)	[ekspedítsija]

mosqueteiro (m)	мускетар (м)	[musketár]
cardeal (m)	кардинал (м)	[kardinál]
heráldica (f)	хералдика (ж)	[heráldika]
heráldico	хералдически	[heraldítʃeski]

159. Líder. Chefe. Autoridades

| rei (m) | крал (м) | [kral] |
| rainha (f) | кралица (ж) | [kralítsa] |

real	кралски	[králski]
reino (m)	кралство (c)	[králstvo]

príncipe (m)	принц (м)	[prints]
princesa (f)	принцеса (ж)	[printsésa]

presidente (m)	президент (м)	[prezidént]
vice-presidente (m)	вицепрезидент (м)	[vítse·prezidént]
senador (m)	сенатор (м)	[senátor]

monarca (m)	монарх (м)	[monárh]
governante (m)	владетел (м)	[vladétel]
ditador (m)	диктатор (м)	[diktátor]
tirano (m)	тиранин (м)	[tiránin]
magnata (m)	магнат (м)	[magnát]

diretor (m)	директор (м)	[diréktor]
chefe (m)	шеф (м)	[ʃef]
dirigente (m)	управител (м)	[uprávitel]
patrão (m)	бос (м)	[bos]
dono (m)	собственик (м)	[sóbstvenik]

chefe (~ de delegação)	глава (ж)	[glavá]
autoridades (f pl)	власти (ж мн)	[vlásti]
superiores (m pl)	началство (c)	[natʃálstvo]

governador (m)	губернатор (м)	[gubernátor]
cônsul (m)	консул (м)	[kónsul]
diplomata (m)	дипломат (м)	[diplomát]
Presidente (m) da Câmara	кмет (м)	[kmet]
xerife (m)	шериф (м)	[ʃeríf]

imperador (m)	император (м)	[imperátor]
czar (m)	цар (м)	[tsar]
faraó (m)	фараон (м)	[faraón]
cã (m)	хан (м)	[han]

160. Viloação da lei. Criminosos. Parte 1

bandido (m)	бандит (м)	[bandít]
crime (m)	престъпление (c)	[prestəplénie]
criminoso (m)	престъпник (м)	[prestépnik]

ladrão (m)	крадец (м)	[kradéts]
roubar (vt)	крада	[kradá]
furto, roubo (m)	кражба (ж)	[kráʒba]

raptar (ex. ~ uma criança)	отвлека	[otvleká]
rapto (m)	отвличане (c)	[otvlítʃane]
raptor (m)	похитител (м)	[pohitítel]

resgate (m)	откуп (м)	[ótkup]
pedir resgate	искам откуп	[ískam ótkup]
roubar (vt)	грабя	[grábʲa]

assaltante (m)	грабител (м)	[grabítel]
extorquir (vt)	изнудвам	[iznúdvam]
extorsionário (m)	изнудвач (м)	[iznudvátʃ]
extorsão (f)	изнудване (c)	[iznúdvane]

matar, assassinar (vt)	убия	[ubíja]
homicídio (m)	убийство (c)	[ubíjstvo]
homicida, assassino (m)	убиец (м)	[ubíets]
tiro (m)	изстрел (м)	[ísstrel]
dar um tiro	изстрелям	[isstrélʲam]
matar a tiro	застрелям	[zastrélʲam]
atirar, disparar (vi)	стрелям	[strélʲam]
tiroteio (m)	стрелба (ж)	[strelbá]

incidente (m)	произшествие (c)	[proisʃéstvie]
briga (~ de rua)	сбиване (c)	[zbívane]
Socorro!	Помогнете!	[pomognéte]
vítima (f)	жертва (ж)	[ʒértva]

danificar (vt)	повредя	[povredʲá]
dano (m)	щета (ж)	[ʃtetá]
cadáver (m)	труп (м)	[trup]
grave	тежък	[téʒək]

atacar (vt)	нападна	[napádna]
bater (espancar)	бия	[bíja]
espancar (vt)	набия	[nabíja]
tirar, roubar (dinheiro)	отнема	[otnéma]
esfaquear (vt)	заколя	[zakólʲa]
mutilar (vt)	осакатя	[osakatʲá]
ferir (vt)	раня	[ranʲá]
chantagem (f)	шантаж (м)	[ʃantáʒ]
chantagear (vt)	шантажирам	[ʃantaʒíram]
chantagista (m)	шантажист (м)	[ʃantaʒíst]

extorsão (em troca de proteção)	рекет (м)	[réket]
extorsionário (m)	рекетьор (м)	[reketʲór]
gângster (m)	гангстер (м)	[gángster]
máfia (f)	мафия (ж)	[máfija]

carteirista (m)	джебчия (м)	[dʒebtʃíja]
assaltante, ladrão (m)	разбивач (м) на врати	[razbivátʃ na vratí]
contrabando (m)	контрабанда (ж)	[kontrabánda]
contrabandista (m)	контрабандист (м)	[kontrabandíst]

falsificação (f)	фалшификат (м)	[falʃifikát]
falsificar (vt)	фалшифицирам	[falʃifitsíram]
falsificado	фалшив	[falʃív]

161. Viloação da lei. Criminosos. Parte 2

violação (f)	изнасилване (c)	[iznasílvane]
violar (vt)	изнасиля	[iznasílʲa]

violador (m)	насилник (м)	[nasílnik]
maníaco (m)	маниак (м)	[maniák]

prostituta (f)	проститутка (ж)	[prostitútka]
prostituição (f)	проституция (ж)	[prostitútsija]
chulo (m)	сутеньор (м)	[sutenʲór]

toxicodependente (m)	наркоман (м)	[narkomán]
traficante (m)	наркотрафикант (м)	[narkotrafikánt]

explodir (vt)	взривя	[vzrivʲá]
explosão (f)	експлозия (ж)	[eksplózija]
incendiar (vt)	подпаля	[podpálʲa]
incendiário (m)	подпалвач (м)	[podpalvátʃ]

terrorismo (m)	тероризъм (м)	[terorízəm]
terrorista (m)	терорист (м)	[teroríst]
refém (m)	заложник (м)	[zalóʒnik]

enganar (vt)	измамя	[izmámʲa]
engano (m)	измама (ж)	[izmáma]
vigarista (m)	мошеник (м)	[moʃénik]

subornar (vt)	подкупя	[podkúpʲa]
suborno (atividade)	подкуп (м)	[pótkup]
suborno (dinheiro)	рушвет (м)	[ruʃvét]

veneno (m)	отрова (ж)	[otróva]
envenenar (vt)	отровя	[otróvʲa]
envenenar-se (vr)	отровя се	[otróvʲa se]

suicídio (m)	самоубийство (с)	[samoubíjstvo]
suicida (m)	самоубиец (м)	[samoubíets]

ameaçar (vt)	заплашвам	[zapláʃvam]
ameaça (f)	заплаха (ж)	[zapláha]
atentar contra a vida de …	покушавам се	[pokuʃávam se]
atentado (m)	покушение (с)	[pokuʃénie]

roubar (o carro)	открадна	[otkrádna]
desviar (o avião)	отвлека	[otvleká]

vingança (f)	отмъщение (с)	[otməʃténie]
vingar (vt)	отмъщавам	[otməʃtávam]

torturar (vt)	изтезавам	[istezávam]
tortura (f)	измъчване (с)	[izmétʃvane]
atormentar (vt)	измъчвам	[izmétʃvam]

pirata (m)	пират (м)	[pirát]
desordeiro (m)	хулиган (м)	[huligán]
armado	въоръжен	[vəorəʒén]
violência (f)	насилие (с)	[nasílie]
ilegal	незаконен	[nezakónen]
espionagem (f)	шпионаж (м)	[ʃpionáʒ]
espionar (vi)	шпионирам	[ʃpioníram]

162. Polícia. Lei. Parte 1

justiça (f)	правосъдие (c)	[pravosédie]
tribunal (m)	съд (м)	[sət]
juiz (m)	съдия (м)	[sedijá]
jurados (m pl)	съдебни заседатели (м мн)	[sədébni zasedáteli]
tribunal (m) do júri	съд (м) със съдебни заседатели	[sət səs sədébni zasedáteli]
julgar (vt)	съдя	[séd'a]
advogado (m)	адвокат (м)	[advokát]
réu (m)	подсъдим (м)	[potsədím]
banco (m) dos réus	подсъдима скамейка (ж)	[potsədíma skaméjka]
acusação (f)	обвинение (c)	[obvinénie]
acusado (m)	обвиняем (м)	[obvin'áem]
sentença (f)	присъда (ж)	[priséda]
sentenciar (vt)	осъдя	[oséd'a]
culpado (m)	виновник (м)	[vinóvnik]
punir (vt)	накажа	[nakáʒa]
punição (f)	наказание (c)	[nakazánie]
multa (f)	глоба (ж)	[glóba]
prisão (f) perpétua	доживотен затвор (м)	[doʒivóten zatvór]
pena (f) de morte	смъртно наказание (c)	[smértno nakazánie]
cadeira (f) elétrica	електрически стол (м)	[elektrítʃeski stol]
forca (f)	бесилка (ж)	[besílka]
executar (vt)	екзекутирам	[ekzekutíram]
execução (f)	екзекуция (ж)	[ekzekútsija]
prisão (f)	затвор (м)	[zatvór]
cela (f) de prisão	килия (ж)	[kilíja]
escolta (f)	караул (м)	[karaúl]
guarda (m) prisional	надзирател (м)	[nadzirátel]
preso (m)	затворник (м)	[zatvórnik]
algemas (f pl)	белезници (мн)	[beleznítsi]
algemar (vt)	сложа белезници	[slóʒa beleznítsi]
fuga, evasão (f)	бягство (c)	[b'ákstvo]
fugir (vi)	избягам	[izb'ágam]
desaparecer (vi)	изчезна	[iztʃézna]
soltar, libertar (vt)	освободя	[osvobod'á]
amnistia (f)	амнистия (ж)	[amnístija]
polícia (instituição)	полиция (ж)	[polítsija]
polícia (m)	полицай (м)	[politsáj]
esquadra (f) de polícia	полицейско управление (c)	[politséjsko upravlénie]
cassetete (m)	палка (ж)	[pálka]

151

megafone (m)	рупор (м)	[rúpor]
carro (m) de patrulha	патрулка (ж)	[patrúlka]
sirene (f)	сирена (ж)	[siréna]
ligar a sirene	включа сирена	[fklʲútʃa siréna]
toque (m) da sirene	звук (м) на сирена	[zvuk na siréna]

cena (f) do crime	място (c) на произшествието	[mʲásto na proisʃéstvieto]
testemunha (f)	свидетел (м)	[svidétel]
liberdade (f)	свобода (ж)	[svobodá]
cúmplice (m)	съучастник (м)	[səutʃásnik]
escapar (vi)	скрия се	[skríja sé]
traço (não deixar ~s)	следа (ж)	[sledá]

163. Polícia. Lei. Parte 2

procura (f)	издирване (c)	[izdírvane]
procurar (vt)	издирвам	[izdírvam]
suspeita (f)	подозрение (c)	[podozrénie]
suspeito	подозрителен	[podozrítelen]
parar (vt)	спра	[spra]
deter (vt)	задържа	[zadərʒá]

caso (criminal)	дело (c)	[délo]
investigação (f)	следствие (c)	[slétstvie]
detetive (m)	детектив (м)	[detektíf]
investigador (m)	следовател (м)	[sledovátel]
versão (f)	версия (ж)	[vérsija]

motivo (m)	мотив (м)	[motív]
interrogatório (m)	разпит (м)	[ráspit]
interrogar (vt)	разпитвам	[raspítvam]
questionar (vt)	разпитвам	[raspítvam]
verificação (f)	проверка (ж)	[provérka]

batida (f) policial	хайка (ж)	[hájka]
busca (f)	обиск (м)	[óbisk]
perseguição (f)	преследване (c)	[preslédvane]
perseguir (vt)	преследвам	[preslédvam]
seguir (vt)	следя	[sledʲá]

prisão (f)	арест (м)	[árest]
prender (vt)	арестувам	[arestúvam]
pegar, capturar (vt)	заловя	[zalovʲá]
captura (f)	залавяне (c)	[zalávʲane]

documento (m)	документ (м)	[dokumént]
prova (f)	доказателство (c)	[dokazátelstvo]
provar (vt)	доказвам	[dokázvam]
pegada (f)	следа (ж)	[sledá]
impressões (f pl) digitais	отпечатъци (м мн) на пръстите	[otpetʃátətsi na préstite]
prova (f)	улика (ж)	[úlika]
álibi (m)	алиби (c)	[alíbi]

inocente	невиновен	[nevinóven]
injustiça (f)	несправедливост (ж)	[nespravedlívost]
injusto	несправедлив	[nespravedlív]

criminal	криминален	[kriminálen]
confiscar (vt)	конфискувам	[konfiskúvam]
droga (f)	наркотик (м)	[narkotík]
arma (f)	оръжие (c)	[oréʒie]
desarmar (vt)	обезоръжа	[obezorəʒá]
ordenar (vt)	заповядвам	[zapovⁱádvam]
desaparecer (vi)	изчезна	[iztʃézna]

lei (f)	закон (м)	[zakón]
legal	законен	[zakónen]
ilegal	незаконен	[nezakónen]

responsabilidade (f)	отговорност (ж)	[otgovórnost]
responsável	отговорен	[otgovóren]

NATUREZA

A Terra. Parte 1

164. Espaço sideral

cosmos (m)	космос (м)	[kósmos]
cósmico	космически	[kosmítʃeski]
espaço (m) cósmico	космическо пространство (c)	[kosmítʃesko prostránstvo]
mundo (m)	свят (м)	[svʲat]
universo (m)	вселена (ж)	[fseléna]
galáxia (f)	галактика (ж)	[galáktika]
estrela (f)	звезда (ж)	[zvezdá]
constelação (f)	съзвездие (c)	[səzvézdie]
planeta (m)	планета (ж)	[planéta]
satélite (m)	спътник (м)	[spétnik]
meteorito (m)	метеорит (м)	[meteorít]
cometa (m)	комета (ж)	[kométa]
asteroide (m)	астероид (м)	[asteroít]
órbita (f)	орбита (ж)	[órbita]
girar (vi)	въртя се	[vərtʲá se]
atmosfera (f)	атмосфера (ж)	[atmosféra]
Sol (m)	Слънце	[sléntse]
Sistema (m) Solar	Слънчева система (ж)	[sléntʃeva sistéma]
eclipse (m) solar	слънчево затъмнение (c)	[sléntʃevo zatəmnénie]
Terra (f)	Земя	[zemʲá]
Lua (f)	Луна	[luná]
Marte (m)	Марс	[mars]
Vénus (f)	Венера	[venéra]
Júpiter (m)	Юпитер	[júpiter]
Saturno (m)	Сатурн	[satúrn]
Mercúrio (m)	Меркурий	[merkúrij]
Urano (m)	Уран	[urán]
Neptuno (m)	Нептун	[neptún]
Plutão (m)	Плутон	[plutón]
Via Láctea (f)	Млечен Път	[mlétʃen pət]
Ursa Maior (f)	Голяма Мечка	[golʲáma métʃka]
Estrela Polar (f)	Полярна Звезда	[polʲárna zvezdá]
marciano (m)	марсианец (м)	[marsiánets]

extraterrestre (m)	извънземен (м)	[izvənzémen]
alienígena (m)	пришелец (м)	[priʃeléts]
disco (m) voador	летяща чиния (ж)	[letʲáʃta tʃinʲíja]

nave (f) espacial	космически кораб (м)	[kosmítʃeski kórap]
estação (f) orbital	орбитална станция (ж)	[orbitálna stántsija]
lançamento (m)	старт (м)	[start]

motor (m)	двигател (м)	[dvigátel]
bocal (m)	дюза (ж)	[dʲúza]
combustível (m)	гориво (с)	[gorívo]

cabine (f)	кабина (ж)	[kabína]
antena (f)	антена (ж)	[anténa]
vigia (f)	илюминатор (м)	[ilʲuminátor]
bateria (f) solar	слънчева батерия (ж)	[sléntʃeva batérija]
traje (m) espacial	скафандър (м)	[skafándər]

| imponderabilidade (f) | безтегловност (ж) | [besteglóvnost] |
| oxigénio (m) | кислород (м) | [kislorót] |

| acoplagem (f) | свързване (с) | [svérzvane] |
| fazer uma acoplagem | свързвам се | [svérzvam se] |

observatório (m)	обсерватория (ж)	[opservatórija]
telescópio (m)	телескоп (м)	[teleskóp]
observar (vt)	наблюдавам	[nablʲudávam]
explorar (vt)	изследвам	[isslédvam]

165. A Terra

Terra (f)	Земя (ж)	[zemʲá]
globo terrestre (Terra)	земно кълбо (с)	[zémno kəlbó]
planeta (m)	планета (ж)	[planéta]

atmosfera (f)	атмосфера (ж)	[atmosféra]
geografia (f)	география (ж)	[geográfija]
natureza (f)	природа (ж)	[priróda]

globo (mapa esférico)	глобус (м)	[glóbus]
mapa (m)	карта (ж)	[kárta]
atlas (m)	атлас (м)	[atlás]

Europa (f)	Европа	[evrópa]
Ásia (f)	Азия	[ázija]
África (f)	Африка	[áfrika]
Austrália (f)	Австралия	[afstrálija]

América (f)	Америка	[amérika]
América (f) do Norte	Северна Америка	[séverna amérika]
América (f) do Sul	Южна Америка	[júʒna amérika]

| Antártida (f) | Антарктида | [antarktída] |
| Ártico (m) | Арктика | [árktika] |

166. Pontos cardeais

norte (m)	север (м)	[séver]
para norte	на север	[na séver]
no norte	на север	[na séver]
do norte	северен	[séveren]

sul (m)	юг (м)	[juk]
para sul	на юг	[na juk]
no sul	на юг	[na juk]
do sul	южен	[júʒen]

oeste, ocidente (m)	запад (м)	[zápat]
para oeste	на запад	[na zápat]
no oeste	на запад	[na zápat]
ocidental	западен	[západen]

leste, oriente (m)	изток (м)	[ístok]
para leste	на изток	[na ístok]
no leste	на изток	[na ístok]
oriental	източен	[ístotʃen]

167. Mar. Oceano

mar (m)	море (с)	[moré]
oceano (m)	океан (м)	[okeán]
golfo (m)	залив (м)	[zálif]
estreito (m)	пролив (м)	[próliv]

continente (m)	материк (м)	[materík]
ilha (f)	остров (м)	[óstrov]
península (f)	полуостров (м)	[poluóstrov]
arquipélago (m)	архипелаг (м)	[arhipelák]

baía (f)	залив (м)	[zálif]
porto (m)	залив (м)	[zálif]
lagoa (f)	лагуна (ж)	[lagúna]
cabo (m)	нос (м)	[nos]

atol (m)	атол (м)	[atól]
recife (m)	риф (м)	[rif]
coral (m)	корал (м)	[korál]
recife (m) de coral	коралов риф (м)	[korálov rif]

profundo	дълбок	[dəlbók]
profundidade (f)	дълбочина (ж)	[dəlbotʃiná]
abismo (m)	бездна (ж)	[bézna]
fossa (f) oceânica	падина (ж)	[padiná]

corrente (f)	течение (с)	[tetʃénie]
banhar (vt)	мия	[míja]
litoral (m)	бряг (м)	[brʲak]
costa (f)	крайбрежие (с)	[krajbréʒie]

maré (f) alta	прилив (м)	[príliv]
refluxo (m), maré (f) baixa	отлив (м)	[ótliv]
restinga (f)	плитчина (ж)	[plittʃiná]
fundo (m)	дъно (с)	[déno]

onda (f)	вълна (ж)	[vəlná]
crista (f) da onda	гребен (м) на вълна	[grében na vəlná]
espuma (f)	пяна (ж)	[pʲána]

tempestade (f)	буря (ж)	[búrʲa]
furacão (m)	ураган (м)	[uragán]
tsunami (m)	цунами (с)	[tsunámi]
calmaria (f)	безветрие (с)	[bezvétrie]
calmo	спокоен	[spokóen]

| polo (m) | полюс (м) | [pólʲus] |
| polar | полярен | [polʲáren] |

latitude (f)	ширина (ж)	[ʃiriná]
longitude (f)	дължина (ж)	[dəʒiná]
paralela (f)	паралел (ж)	[paralél]
equador (m)	екватор (м)	[ekvátor]

céu (m)	небе (с)	[nebé]
horizonte (m)	хоризонт (м)	[horizónt]
ar (m)	въздух (м)	[vézduh]

farol (m)	фар (м)	[far]
mergulhar (vi)	гмуркам се	[gmúrkam se]
afundar-se (vr)	потъна	[poténa]
tesouros (m pl)	съкровища (с мн)	[səkróviʃta]

168. Montanhas

montanha (f)	планина (ж)	[planiná]
cordilheira (f)	планинска верига (ж)	[planínska veríga]
serra (f)	планински хребет (м)	[planínski hrebét]

cume (m)	връх (м)	[vrəh]
pico (m)	пик (м)	[pik]
sopé (m)	подножие (с)	[podnóʒie]
declive (m)	склон (м)	[sklon]

vulcão (m)	вулкан (м)	[vulkán]
vulcão (m) ativo	действащ вулкан (м)	[déjstvaʃt vulkán]
vulcão (m) extinto	изгаснал вулкан (м)	[izgásnal vulkán]

erupção (f)	изригване (с)	[izrígvane]
cratera (f)	кратер (м)	[kráter]
magma (m)	магма (ж)	[mágma]
lava (f)	лава (ж)	[láva]
fundido (lava ~a)	нажежен	[naʒeʒén]
desfiladeiro (m)	каньон (м)	[kanjón]
garganta (f)	дефиле (с)	[defilé]

fenda (f)	тясна клисура (ж)	[tʲásna klisúra]
precipício (m)	пропаст (ж)	[própast]
passo, colo (m)	превал (м)	[prevál]
planalto (m)	плато (с)	[pláto]
falésia (f)	скала (ж)	[skalá]
colina (f)	хълм (м)	[həlm]
glaciar (m)	ледник (м)	[lédnik]
queda (f) d'água	водопад (м)	[vodopát]
géiser (m)	гейзер (м)	[géjzer]
lago (m)	езеро (с)	[ézero]
planície (f)	равнина (ж)	[ravniná]
paisagem (f)	пейзаж (м)	[pejzáʒ]
eco (m)	ехо (с)	[ého]
alpinista (m)	алпинист (м)	[alpiníst]
escalador (m)	катерач (м)	[katerátʃ]
conquistar (vt)	покорявам	[pokorʲávam]
subida, escalada (f)	възкачване (с)	[vəskátʃvane]

169. Rios

rio (m)	река (ж)	[reká]
fonte, nascente (f)	извор (м)	[ízvor]
leito (m) do rio	корито (с)	[koríto]
bacia (f)	басейн (м)	[baséjn]
desaguar no …	вливам се	[vlívam se]
afluente (m)	приток (м)	[prítok]
margem (do rio)	бряг (м)	[brʲak]
corrente (f)	течение (с)	[tetʃénie]
rio abaixo	надолу по течението	[nadólu po tetʃénieto]
rio acima	нагоре по течението	[nagóre po tetʃénieto]
inundação (f)	наводнение (с)	[navodnénie]
cheia (f)	пролетно пълноводие (с)	[prolétno pəlnovódie]
transbordar (vi)	разливам се	[razlívam se]
inundar (vt)	потопявам	[potopʲávam]
banco (m) de areia	плитчина (ж)	[plittʃiná]
rápidos (m pl)	праг (м)	[prak]
barragem (f)	яз (м)	[jaz]
canal (m)	канал (м)	[kanál]
reservatório (m) de água	водохранилище (с)	[vodohraníliʃte]
eclusa (f)	шлюз (м)	[ʃlʲuz]
corpo (m) de água	водоем (м)	[vodoém]
pântano (m)	блато (с)	[bláto]
tremedal (m)	тресавище (с)	[tresáviʃte]
remoinho (m)	водовъртеж (м)	[vodovərtéʒ]

arroio, regato (m)	ручей (м)	[rútʃej]
potável	питеен	[pitéen]
doce (água)	сладководен	[slatkovóden]

| gelo (m) | лед (м) | [let] |
| congelar-se (vr) | замръзна | [zamrézna] |

170. Floresta

| floresta (f), bosque (m) | гора (ж) | [gorá] |
| florestal | горски | [górski] |

mata (f) cerrada	гъсталак (м)	[gəstalák]
arvoredo (m)	горичка (ж)	[gorítʃka]
clareira (f)	поляна (ж)	[polʲána]

| matagal (m) | гъсталак (м) | [gəstalák] |
| mato (m) | храсталак (м) | [hrastalák] |

| vereda (f) | пътечка (ж) | [pətétʃka] |
| ravina (f) | овраг (м) | [ovrák] |

árvore (f)	дърво (с)	[dərvó]
folha (f)	лист (м)	[list]
folhagem (f)	шума (ж)	[ʃúma]

queda (f) das folhas	листопад (м)	[listopát]
cair (vi)	опадвам	[opádvam]
topo (m)	връх (м)	[vrəh]

ramo (m)	клонка (м)	[klónka]
galho (m)	дебел клон (м)	[debél klon]
botão, rebento (m)	пъпка (ж)	[pépka]
agulha (f)	игла (ж)	[iglá]
pinha (f)	шишарка (ж)	[ʃiʃárka]

buraco (m) de árvore	хралупа (ж)	[hralúpa]
ninho (m)	гнездо (с)	[gnezdó]
toca (f)	дупка (ж)	[dúpka]

tronco (m)	стъбло (с)	[stəbló]
raiz (f)	корен (м)	[kóren]
casca (f) de árvore	кора (ж)	[korá]
musgo (m)	мъх (м)	[məh]

arrancar pela raiz	изкоренявам	[izkorenʲávam]
cortar (vt)	сека	[seká]
desflorestar (vt)	изсичам	[issítʃam]
toco, cepo (m)	пън (м)	[pən]

fogueira (f)	клада (ж)	[kláda]
incêndio (m) florestal	пожар (м)	[poʒár]
apagar (vt)	загасявам	[zagasʲávam]
guarda-florestal (m)	горски пазач (м)	[górski pazátʃ]

proteção (f)	опазване (c)	[opázvane]
proteger (a natureza)	опазвам	[opázvam]
caçador (m) furtivo	бракониер (м)	[brakoniér]
armadilha (f)	капан (м)	[kapán]

| colher (cogumelos, bagas) | събирам | [səbíram] |
| perder-se (vr) | загубя се | [zagúbʲa se] |

171. Recursos naturais

recursos (m pl) naturais	природни ресурси (м мн)	[priródni resúrsi]
minerais (m pl)	полезни изкопаеми (с мн)	[polézni iskopáemi]
depósitos (m pl)	залежи (мн)	[zaléʒi]
jazida (f)	находище (c)	[nahódiʃte]

extrair (vt)	добивам	[dobívam]
extração (f)	добиване (c)	[dobívane]
minério (m)	руда (ж)	[rudá]
mina (f)	рудник (м)	[rúdnik]
poço (m) de mina	шахта (ж)	[ʃáhta]
mineiro (m)	миньор (м)	[minʲór]

| gás (m) | газ (м) | [gas] |
| gasoduto (m) | газопровод (м) | [gazoprovót] |

petróleo (m)	нефт (м)	[neft]
oleoduto (m)	нефтопровод (м)	[neftoprovót]
poço (m) de petróleo	нефтена кула (ж)	[néftena kúla]
torre (f) petrolífera	сондажна кула (ж)	[sondáʒna kúla]
petroleiro (m)	танкер (м)	[tánker]

areia (f)	пясък (м)	[pʲásək]
calcário (m)	варовик (м)	[varóvik]
cascalho (m)	дребен чакъл (м)	[drében tʃakél]
turfa (f)	торф (м)	[torf]
argila (f)	глина (ж)	[glína]
carvão (m)	въглища (мн)	[végliʃta]

ferro (m)	желязо (c)	[ʒelʲázo]
ouro (m)	злато (c)	[zláto]
prata (f)	сребро (c)	[srebró]
níquel (m)	никел (м)	[níkel]
cobre (m)	мед (ж)	[met]

| zinco (m) | цинк (м) | [tsink] |
| manganês (m) | манган (м) | [mangán] |

| mercúrio (m) | живак (м) | [ʒivák] |
| chumbo (m) | олово (c) | [olóvo] |

mineral (m)	минерал (м)	[minerál]
cristal (m)	кристал (м)	[kristál]
mármore (m)	мрамор (м)	[mrámor]
urânio (m)	уран (м)	[urán]

A Terra. Parte 2

172. Tempo

tempo (m)	време (c)	[vréme]
previsão (f) do tempo	прогноза (ж) за времето	[prognóza za vrémeto]
temperatura (f)	температура (ж)	[temperatúra]
termómetro (m)	термометър (м)	[termométər]
barómetro (m)	барометър (м)	[barométər]
húmido	влажен	[vláʒen]
humidade (f)	влажност (ж)	[vláʒnost]
calor (m)	пек (м)	[pek]
cálido	горещ	[goréʃt]
está muito calor	горещо	[goréʃto]
está calor	топло	[tóplo]
quente	топъл	[tópəl]
está frio	студено	[studéno]
frio	студен	[studén]
sol (m)	слънце (c)	[sléntse]
brilhar (vi)	грея	[gréja]
de sol, ensolarado	слънчев	[sléntʃev]
nascer (vi)	изгрея	[izgréja]
pôr-se (vr)	заляза	[zalʲáza]
nuvem (f)	облак (м)	[óblak]
nublado	облачен	[óblatʃen]
nuvem (f) preta	голям облак (м)	[golʲám óblak]
escuro, cinzento	навъсен	[navésen]
chuva (f)	дъжд (м)	[dəʒt]
está a chover	вали дъжд	[valí dəʒt]
chuvoso	дъждовен	[dəʒdóven]
chuviscar (vi)	ръмя	[rəmʲá]
chuva (f) torrencial	пороен дъжд (м)	[poróen dəʒt]
chuvada (f)	порой (м)	[porój]
forte (chuva)	силен	[sílen]
poça (f)	локва (ж)	[lókva]
molhar-se (vr)	намокря се	[namókrʲa se]
nevoeiro (m)	мъгла (ж)	[məglá]
de nevoeiro	мъглив	[məglíf]
neve (f)	сняг (м)	[snʲak]
está a nevar	вали сняг	[valí snʲak]

173. Tempo extremo. Catástrofes naturais

trovoada (f)	гръмотевична буря (ж)	[grəmotévitʃna búrʲa]
relâmpago (m)	мълния (ж)	[mélnija]
relampejar (vi)	блясвам	[blʲásvam]
trovão (m)	гръм (м)	[grəm]
trovejar (vi)	гърмя	[gərmʲá]
está a trovejar	гърми	[gərmí]
granizo (m)	градушка (ж)	[gradúʃka]
está a cair granizo	пада градушка	[páda gradúʃka]
inundar (vt)	потопя	[potopʲá]
inundação (f)	наводнение (с)	[navodnénie]
terremoto (m)	земетресение (с)	[zemetresénie]
abalo, tremor (m)	трус (м)	[trus]
epicentro (m)	епицентър (м)	[epitséntər]
erupção (f)	изригване (с)	[izrígvane]
lava (f)	лава (ж)	[láva]
turbilhão, tornado (m)	торнадо (с)	[tornádo]
tufão (m)	тайфун (м)	[tajfún]
furacão (m)	ураган (м)	[uragán]
tempestade (f)	буря (ж)	[búrʲa]
tsunami (m)	цунами (с)	[tsunámi]
ciclone (m)	циклон (м)	[tsiklón]
mau tempo (m)	лошо време (с)	[lóʃo vréme]
incêndio (m)	пожар (м)	[poʒár]
catástrofe (f)	катастрофа (ж)	[katastrófa]
meteorito (m)	метеорит (м)	[meteorít]
avalanche (f)	лавина (ж)	[lavína]
deslizamento (m) de neve	лавина (ж)	[lavína]
nevasca (f)	виелица (ж)	[viélitsa]
tempestade (f) de neve	снежна буря (ж)	[snéʒna búrʲa]

Fauna

174. Mamíferos. Predadores

predador (m)	хищник (м)	[híʃtnik]
tigre (m)	тигър (м)	[tígər]
leão (m)	лъв (м)	[ləv]
lobo (m)	вълк (м)	[vəlk]
raposa (f)	лисица (ж)	[lisítsa]
jaguar (m)	ягуар (м)	[jaguár]
leopardo (m)	леопард (м)	[leopárt]
chita (f)	гепард (м)	[gepárt]
pantera (f)	пантера (ж)	[pantéra]
puma (m)	пума (ж)	[púma]
leopardo-das-neves (m)	снежен барс (м)	[snéʒen bars]
lince (m)	рис (м)	[ris]
coiote (m)	койот (м)	[kojót]
chacal (m)	чакал (м)	[ʧakál]
hiena (f)	хиена (ж)	[hiéna]

175. Animais selvagens

animal (m)	животно (с)	[ʒivótno]
besta (f)	звяр (м)	[zvʲar]
esquilo (m)	катерица (ж)	[káteritsa]
ouriço (m)	таралеж (м)	[taraléʒ]
lebre (f)	заек (м)	[záek]
coelho (m)	питомен заек (м)	[pítomen záek]
texugo (m)	язовец (м)	[jázovets]
guaxinim (m)	енот (м)	[enót]
hamster (m)	хамстер (м)	[hámster]
marmota (f)	мармот (м)	[marmót]
toupeira (f)	къртица (ж)	[kərtítsa]
rato (m)	мишка (ж)	[míʃka]
ratazana (f)	плъх (м)	[pləh]
morcego (m)	прилеп (м)	[prílep]
arminho (m)	хермелин (м)	[hermelín]
zibelina (f)	самур (м)	[samúr]
marta (f)	бялка (ж)	[bʲálka]
doninha (f)	невестулка (ж)	[nevestúlka]
vison (m)	норка (ж)	[nórka]

castor (m)	бобър (м)	[bóbər]
lontra (f)	видра (ж)	[vídra]
cavalo (m)	кон (м)	[kon]
alce (m)	лос (м)	[los]
veado (m)	елен (м)	[elén]
camelo (m)	камила (ж)	[kamíla]
bisão (m)	бизон (м)	[bizón]
auroque (m)	зубър (м)	[zúbər]
búfalo (m)	бивол (м)	[bívol]
zebra (f)	зебра (ж)	[zébra]
antílope (m)	антилопа (ж)	[antilópa]
corça (f)	сърна (ж)	[sərná]
gamo (m)	лопатар (м)	[lopatár]
camurça (f)	сърна (ж)	[sərná]
javali (m)	глиган (м)	[gligán]
baleia (f)	кит (м)	[kit]
foca (f)	тюлен (м)	[tʲulén]
morsa (f)	морж (м)	[morʒ]
urso-marinho (m)	морска котка (ж)	[mórska kótka]
golfinho (m)	делфин (м)	[delfín]
urso (m)	мечка (ж)	[métʃka]
urso (m) branco	бяла мечка (ж)	[bʲála métʃka]
panda (m)	панда (ж)	[pánda]
macaco (em geral)	маймуна (ж)	[majmúna]
chimpanzé (m)	шимпанзе (с)	[ʃimpanzé]
orangotango (m)	орангутан (м)	[orangután]
gorila (m)	горила (ж)	[goríla]
macaco (m)	макак (м)	[makák]
gibão (m)	гибон (м)	[gibón]
elefante (m)	слон (м)	[slon]
rinoceronte (m)	носорог (м)	[nosorók]
girafa (f)	жираф (м)	[ʒiráf]
hipopótamo (m)	хипопотам (м)	[hipopotám]
canguru (m)	кенгуру (с)	[kénguru]
coala (m)	коала (ж)	[koála]
mangusto (m)	мангуста (ж)	[mangústa]
chinchila (m)	чинчила (ж)	[tʃintʃíla]
doninha-fedorenta (f)	скунс (м)	[skuns]
porco-espinho (m)	бодливец (м)	[bodlívets]

176. Animais domésticos

gata (f)	котка (ж)	[kótka]
gato (m) macho	котарак (м)	[kotarák]
cavalo (m)	кон (м)	[kon]

garanhão (m)	жребец (м)	[ʒrebéts]
égua (f)	кобила (ж)	[kobíla]
vaca (f)	крава (ж)	[kráva]
touro (m)	бик (м)	[bik]
boi (m)	вол (м)	[vol]
ovelha (f)	овца (ж)	[ovtsá]
carneiro (m)	овен (м)	[ovén]
cabra (f)	коза (ж)	[kozá]
bode (m)	козел (м)	[kozél]
burro (m)	магаре (с)	[magáre]
mula (f)	муле (с)	[múle]
porco (m)	свиня (ж)	[svinʲá]
leitão (m)	прасе (с)	[prasé]
coelho (m)	питомен заек (м)	[pítomen záek]
galinha (f)	кокошка (ж)	[kokóʃka]
galo (m)	петел (м)	[petél]
pata (f)	патица (ж)	[pátitsa]
pato (macho)	паток (м)	[patók]
ganso (m)	гъсок (м)	[gəsók]
peru (m)	пуяк (м)	[pújak]
perua (f)	пуйка (ж)	[pújka]
animais (m pl) domésticos	домашни животни (с мн)	[domáʃni ʒivótni]
domesticado	питомен	[pítomen]
domesticar (vt)	опитомявам	[opitomʲávam]
criar (vt)	отглеждам	[otgléʒdam]
quinta (f)	ферма (ж)	[férma]
aves (f pl) domésticas	домашна птица (ж)	[domáʃna ptítsa]
gado (m)	добитък (м)	[dobítək]
rebanho (m), manada (f)	стадо (с)	[stádo]
estábulo (m)	обор (м)	[obór]
pocilga (f)	кочина (ж)	[kótʃina]
estábulo (m)	краварник (м)	[kravárnik]
coelheira (f)	зайчарник (м)	[zajtʃárnik]
galinheiro (m)	курник (м)	[kúrnik]

177. Cães. Raças de cães

cão (m)	куче (с)	[kútʃe]
cão pastor (m)	овчарско куче (с)	[oftʃársko kútʃe]
pastor-alemão (m)	немска овчарка (ж)	[némska oftʃárka]
caniche (m)	пудел (м)	[púdel]
teckel (m)	дакел (м)	[dákel]
buldogue (m)	булдог (м)	[buldók]
boxer (m)	боксер (м)	[boksér]

mastim (m)	мастиф (м)	[mastíf]
rottweiler (m)	ротвайлер (м)	[rotvájler]
dobermann (m)	доберман (м)	[dóberman]

basset (m)	басет (м)	[báset]
pastor inglês (m)	бобтейл (м)	[bóbtejl]
dálmata (m)	далматинец (м)	[dalmatinéts]
cocker spaniel (m)	кокер шпаньол (м)	[kóker ʃpanʲól]

| terra-nova (m) | нюфаундленд (м) | [nʲufáundlend] |
| são-bernardo (m) | санбернар (м) | [sanbernár] |

husky (m)	сибирско хъски (c)	[sibírsko héski]
Chow-chow (m)	чау-чау (c)	[ʧáu-ʧáu]
spitz alemão (m)	шпиц (м)	[ʃpits]
carlindogue (m)	мопс (м)	[mops]

178. Sons produzidos pelos animais

latido (m)	лай (м)	[laj]
latir (vi)	лая	[lája]
miar (vi)	мяукам	[mʲaúkam]
ronronar (vi)	мъркам	[mérkam]

mugir (vaca)	муча	[muʧá]
bramir (touro)	рева	[revá]
rosnar (vi)	ръмжа	[rəmʒá]

uivo (m)	вой (м)	[voj]
uivar (vi)	вия	[víja]
ganir (vi)	скимтя	[skimtʲá]

balir (vi)	блея	[bléja]
grunhir (porco)	грухтя	[gruhtʲá]
guinchar (vi)	вреща	[vreʃtʲá]

coaxar (sapo)	крякам	[krʲákam]
zumbir (inseto)	бръмча	[brəmʧá]
estridular, ziziar (vi)	цвърча	[tsvərʧá]

179. Pássaros

pássaro (m), ave (f)	птица (ж)	[ptítsa]
pombo (m)	гълъб (м)	[géləp]
pardal (m)	врабче (c)	[vrabʧé]
chapim-real (m)	синигер (м)	[sinigér]
pega-rabuda (f)	сврака (ж)	[svráka]

corvo (m)	гарван (м)	[gárvan]
gralha (f) cinzenta	врана (ж)	[vrána]
gralha-de-nuca-cinzenta (f)	гарга (ж)	[gárga]
gralha-calva (f)	полски гарван (м)	[pólski gárvan]

pato (m)	патица (ж)	[pátitsa]
ganso (m)	гъсок (м)	[gəsók]
faisão (m)	фазан (м)	[fazán]

águia (f)	орел (м)	[orél]
açor (m)	ястреб (м)	[jástrep]
falcão (m)	сокол (м)	[sokól]
abutre (m)	гриф (м)	[grif]
condor (m)	кондор (м)	[kondór]

cisne (m)	лебед (м)	[lébet]
grou (m)	жерав (м)	[ʒérav]
cegonha (f)	щъркел (м)	[ʃtə́rkel]
papagaio (m)	папагал (м)	[papagál]
beija-flor (m)	колибри (c)	[kolíbri]
pavão (m)	паун (м)	[paún]

avestruz (m)	щраус (м)	[ʃtráus]
garça (f)	чапла (ж)	[tʃápla]
flamingo (m)	фламинго (c)	[flamíngo]
pelicano (m)	пеликан (м)	[pelikán]

rouxinol (m)	славей (м)	[slávej]
andorinha (f)	лястовица (ж)	[lʲástovitsa]
tordo-zornal (m)	дрозд (м)	[drozd]
tordo-músico (m)	поен дрозд (м)	[póen drozd]
melro-preto (m)	кос, черен дрозд (м)	[kos], [tʃéren drozd]

andorinhão (m)	бързолет (м)	[bərzolét]
cotovia (f)	чучулига (ж)	[tʃutʃulíga]
codorna (f)	пъдпъдък (м)	[pədpədék]

pica-pau (m)	кълвач (м)	[kəlvátʃ]
cuco (m)	кукувица (ж)	[kúkuvitsa]
coruja (f)	сова (ж)	[sóva]
corujão, bufo (m)	бухал (м)	[búhal]
tetraz-grande (m)	глухар (м)	[gluhár]
tetraz-lira (m)	тетрев (м)	[tétrev]
perdiz-cinzenta (f)	яребица (ж)	[járebitsa]

estorninho (m)	скорец (м)	[skoréts]
canário (m)	канарче (c)	[kanártʃe]
galinha-do-mato (f)	лещарка (ж)	[leʃtárka]
tentilhão (m)	чинка (ж)	[tʃínka]
dom-fafe (m)	червенушка (ж)	[tʃervenúʃka]

gaivota (f)	чайка (ж)	[tʃájka]
albatroz (m)	албатрос (м)	[albatrós]
pinguim (m)	пингвин (м)	[pingvín]

180. Pássaros. Canto e sons

| cantar (vi) | пея | [péja] |
| gritar (vi) | кряскам | [krʲáskam] |

cantar (o galo)	кукуригам	[kukurígam]
cocorocó (m)	кукуригу	[kukurígu]

cacarejar (vi)	кудкудякам	[kutkudʲákam]
crocitar (vi)	грача	[grátʃa]
grasnar (vi)	крякам	[krʲákam]
piar (vi)	пищя	[piʃtʲá]
chilrear, gorjear (vi)	чуруликам	[tʃurulíkam]

181. Peixes. Animais marinhos

brema (f)	платика (ж)	[platíka]
carpa (f)	шаран (м)	[ʃarán]
perca (f)	костур (м)	[kostúr]
siluro (m)	сом (м)	[som]
lúcio (m)	щука (ж)	[ʃtúka]

salmão (m)	сьомга (ж)	[sʲómga]
esturjão (m)	есетра (ж)	[esétra]

arenque (m)	селда (ж)	[sélda]
salmão (m)	сьомга (ж)	[sʲómga]

cavala, sarda (f)	скумрия (ж)	[skumríja]
solha (f)	калкан (м)	[kalkán]

lúcio perca (m)	бяла риба (ж)	[bʲála ríba]
bacalhau (m)	треска (ж)	[tréska]

atum (m)	риба тон (м)	[ríba ton]
truta (f)	пъстърва (ж)	[pəstérva]

enguia (f)	змиорка (ж)	[zmiórka]
raia elétrica (f)	електрически скат (м)	[elektrítʃeski skat]

moreia (f)	мурена (ж)	[muréna]
piranha (f)	пираня (ж)	[piránʲa]

tubarão (m)	акула (ж)	[akúla]
golfinho (m)	делфин (м)	[delfín]
baleia (f)	кит (м)	[kit]

caranguejo (m)	морски рак (м)	[mórski rak]
medusa, alforreca (f)	медуза (ж)	[medúza]
polvo (m)	октопод (м)	[oktopót]

estrela-do-mar (f)	морска звезда (ж)	[mórska zvezdá]
ouriço-do-mar (m)	морски таралеж (м)	[mórski taraléʒ]
cavalo-marinho (m)	морско конче (с)	[mórsko kóntʃe]

ostra (f)	стрида (ж)	[strída]
camarão (m)	скарида (ж)	[skarída]
lavagante (m)	омар (м)	[omár]
lagosta (f)	лангуста (ж)	[langústa]

182. Amfíbios. Répteis

serpente, cobra (f)	змия (ж)	[zmijá]
venenoso	отровен	[otróven]
víbora (f)	усойница (ж)	[usójnitsa]
cobra-capelo, naja (f)	кобра (ж)	[kóbra]
pitão (m)	питон (м)	[pitón]
jiboia (f)	боа (ж)	[boá]
cobra-de-água (f)	смок (м)	[smok]
cascavel (f)	гърмяща змия (ж)	[gərmʲáʃta zmijá]
anaconda (f)	анаконда (ж)	[anakónda]
lagarto (m)	гущер (м)	[gúʃter]
iguana (f)	игуана (ж)	[iguána]
varano (m)	варан (м)	[varán]
salamandra (f)	саламандър (м)	[salamándər]
camaleão (m)	хамелеон (м)	[hameleón]
escorpião (m)	скорпион (м)	[skorpión]
tartaruga (f)	костенурка (ж)	[kostenúrka]
rã (f)	водна жаба (ж)	[vódna ʒába]
sapo (m)	жаба (ж)	[ʒába]
crocodilo (m)	крокодил (м)	[krokodíl]

183. Insetos

inseto (m)	насекомо (с)	[nasekómo]
borboleta (f)	пеперуда (ж)	[peperúda]
formiga (f)	мравка (ж)	[mráfka]
mosca (f)	муха (ж)	[muhá]
mosquito (m)	комар (м)	[komár]
escaravelho (m)	бръмбар (м)	[brəmbar]
vespa (f)	оса (ж)	[osá]
abelha (f)	пчела (ж)	[ptʃelá]
mamangava (f)	земна пчела (ж)	[zémna ptʃelá]
moscardo (m)	щръклица (ж), овод (м)	[ʃtréklitsa], [óvot]
aranha (f)	паяк (м)	[pájak]
teia (f) de aranha	паяжина (ж)	[pájaʒina]
libélula (f)	водно конче (с)	[vódno kóntʃe]
gafanhoto-do-campo (m)	скакалец (м)	[skakaléts]
traça (f)	нощна пеперуда (ж)	[nóʃtna peperúda]
barata (f)	хлебарка (ж)	[hlebárka]
carraça (f)	кърлеж (м)	[kérleʃ]
pulga (f)	бълха (ж)	[bəlhá]
borrachudo (m)	мушица (ж)	[muʃítsa]
gafanhoto (m)	прелетен скакалец (м)	[préleten skakaléts]
caracol (m)	охлюв (м)	[óhlʲuf]

grilo (m)	щурец (м)	[ʃturéts]
pirilampo (m)	светулка (ж)	[svetúlka]
joaninha (f)	калинка (ж)	[kalínka]
besouro (m)	майски бръмбар (м)	[májski brémbar]

sanguessuga (f)	пиявица (ж)	[pijávitsa]
lagarta (f)	гъсеница (ж)	[gəsénitsa]
minhoca (f)	червей (м)	[ʧérvej]
larva (f)	буба (ж)	[búba]

184. Animais. Partes do corpo

bico (m)	клюн (м)	[klʲun]
asas (f pl)	криле (мн)	[krilé]
pata (f)	крак (м)	[krak]
plumagem (f)	перушина (ж)	[peruʃina]
pena, pluma (f)	перо (с)	[peró]
crista (f)	качул (с)	[kaʧúl]

brânquias, guelras (f pl)	хриле (с)	[hrilé]
ovas (f pl)	хайвер (м)	[hajvér]
larva (f)	личинка (ж)	[líʧinka]
barbatana (f)	перка (ж)	[pérka]
escama (f)	люспа (ж)	[lʲúspa]

canino (m)	зъб (м)	[zəp]
pata (f)	лапа (ж)	[lápa]
focinho (m)	муцуна (ж)	[mutsúna]
boca (f)	уста (ж)	[ustá]
cauda (f), rabo (m)	опашка (ж)	[opáʃka]
bigodes (m pl)	мустаци (м мн)	[mustátsi]

| casco (m) | копито (с) | [kopíto] |
| corno (m) | рог (м) | [rok] |

carapaça (f)	черупка (ж)	[ʧerúpka]
concha (f)	мида (ж)	[mída]
casca (f) de ovo	черупка (ж)	[ʧerúpka]

| pelo (m) | козина (ж) | [kózina] |
| pele (f), couro (m) | кожа (ж) | [kóʒa] |

185. Animais. Habitats

| hábitat | среда (ж) на обитаване | [sredá na obitávane] |
| migração (f) | миграция (ж) | [migrátsija] |

montanha (f)	планина (ж)	[planiná]
recife (m)	риф (м)	[rif]
falésia (f)	скала (ж)	[skalá]
floresta (f)	гора (ж)	[gorá]
selva (f)	джунгла (ж)	[dʒúngla]

| savana (f) | савана (ж) | [savána] |
| tundra (f) | тундра (ж) | [túndra] |

estepe (f)	степ (ж)	[step]
deserto (m)	пустиня (ж)	[pustín¡a]
oásis (m)	оазис (м)	[oázis]

mar (m)	море (с)	[moré]
lago (m)	езеро (с)	[ézero]
oceano (m)	океан (м)	[okeán]

pântano (m)	блато (с)	[bláto]
de água doce	сладководен	[slatkovóden]
lagoa (f)	изкуствен вир (м)	[iskústven vir]
rio (m)	река (ж)	[reká]

toca (f) do urso	бърлога (ж)	[bərlóga]
ninho (m)	гнездо (с)	[gnezdó]
buraco (m) de árvore	хралупа (ж)	[hralúpa]
toca (f)	дупка (ж)	[dúpka]
formigueiro (m)	мравуняк (м)	[mravún¡ak]

Flora

186. Árvores

árvore (f)	дърво (c)	[dərvó]
decídua	широколистно	[ʃirokolístno]
conífera	иглолистно	[iglolístno]
perene	вечнозелено	[vetʃnozeléno]
macieira (f)	ябълка (ж)	[jábəlka]
pereira (f)	круша (ж)	[krúʃa]
cerejeira (f)	череша (ж)	[tʃeréʃa]
ginjeira (f)	вишна (ж)	[víʃna]
ameixeira (f)	слива (ж)	[slíva]
bétula (f)	бреза (ж)	[brezá]
carvalho (m)	дъб (м)	[dəp]
tília (f)	липа (ж)	[lipá]
choupo-tremedor (m)	трепетлика (ж)	[trepetlíka]
bordo (m)	клен (м)	[klen]
espruce-europeu (m)	ела (ж)	[elá]
pinheiro (m)	бор (м)	[bor]
alerce, lariço (m)	лиственица (ж)	[lístvenitsa]
abeto (m)	бяла ела (ж)	[bʲála elá]
cedro (m)	кедър (м)	[kédər]
choupo, álamo (m)	топола (ж)	[topóla]
tramazeira (f)	офика (ж)	[ofíka]
salgueiro (m)	върба (ж)	[vərbá]
amieiro (m)	елша (ж)	[elʃá]
faia (f)	бук (м)	[buk]
ulmeiro (m)	бряст (м)	[brʲast]
freixo (m)	ясен (м)	[jásen]
castanheiro (m)	кестен (м)	[késten]
magnólia (f)	магнолия (ж)	[magnólija]
palmeira (f)	палма (ж)	[pálma]
cipreste (m)	кипарис (м)	[kiparís]
mangue (m)	мангрово дърво (c)	[mangrovo dərvó]
embondeiro, baobá (m)	баобаб (м)	[baobáp]
eucalipto (m)	евкалипт (м)	[efkalípt]
sequoia (f)	секвоя (ж)	[sekvója]

187. Arbustos

arbusto (m)	храст (м)	[hrast]
arbusto (m), moita (f)	храсталак (м)	[hrastalák]

| videira (f) | грозде (c) | [grózde] |
| vinhedo (m) | лозе (c) | [lóze] |

framboeseira (f)	малина (ж)	[malína]
groselheira-preta (f)	черно френско грозде (c)	[tʃérno frénsko grózde]
groselheira-vermelha (f)	червено френско грозде (c)	[tʃervéno frénsko grózde]
groselheira (f) espinhosa	цариградско грозде (c)	[tsarigrátsko grózde]

acácia (f)	акация (ж)	[akátsija]
bérberis (f)	кисел трън (м)	[kísel trən]
jasmim (m)	жасмин (м)	[ʒasmín]

junípero (m)	хвойна, смрика (ж)	[hvójna], [smríka]
roseira (f)	розов храст (м)	[rózov hrast]
roseira (f) brava	шипка (ж)	[ʃípka]

188. Cogumelos

cogumelo (m)	гъба (ж)	[géba]
cogumelo (m) comestível	ядлива гъба (ж)	[jadlíva géba]
cogumelo (m) venenoso	отровна гъба (ж)	[otróvna géba]
chapéu (m)	шапка (ж)	[ʃápka]
pé, caule (m)	пънче (c)	[péntʃe]

boleto (m)	манатарка (ж)	[manatárka]
boleto (m) alaranjado	червена брезовка (ж)	[tʃervéna brézofka]
míscaro (m) das bétulas	брезова манатарка (ж)	[brézova manatárka]
cantarela (f)	пачи крак (м)	[pátʃi krak]
rússula (f)	гълъбка (ж)	[géləpka]

morchella (f)	пумпалка (ж)	[púmpalka]
agário-das-moscas (m)	мухоморка (ж)	[muhomórka]
cicuta (f) verde	зелена мухоморка (ж)	[zeléna muhómorka]

189. Frutos. Bagas

fruta (f)	плод (м)	[plot]
frutas (f pl)	плодове (м мн)	[plodové]
maçã (f)	ябълка (ж)	[jábəlka]
pera (f)	круша (ж)	[krúʃa]
ameixa (f)	слива (ж)	[slíva]

morango (m)	ягода (ж)	[jágoda]
ginja (f)	вишна (ж)	[víʃna]
cereja (f)	череша (ж)	[tʃeréʃa]
uva (f)	грозде (c)	[grózde]

framboesa (f)	малина (ж)	[malína]
groselha (f) preta	черно френско грозде (c)	[tʃérno frénsko grózde]
groselha (f) vermelha	червено френско грозде (c)	[tʃervéno frénsko grózde]

| groselha (f) espinhosa | цариградско грозде (c) | [tsarigrátsko grózde] |
| oxicoco (m) | клюква (ж) | [klʲúkva] |

laranja (f)	портокал (м)	[portokál]
tangerina (f)	мандарина (ж)	[mandarína]
ananás (m)	ананас (м)	[ananás]
banana (f)	банан (м)	[banán]
tâmara (f)	фурма (ж)	[furmá]

limão (m)	лимон (м)	[limón]
damasco (m)	кайсия (ж)	[kajsíja]
pêssego (m)	праскова (ж)	[práskova]
kiwi (m)	киви (c)	[kívi]
toranja (f)	грейпфрут (м)	[gréjpfrut]

baga (f)	горски плод (м)	[górski plot]
bagas (f pl)	горски плодове (м мн)	[górski plodové]
arando (m) vermelho	червена боровинка (ж)	[tʃervéna borovínka]
morango-silvestre (m)	горска ягода (ж)	[górska jágoda]
mirtilo (m)	черна боровинка (ж)	[tʃérna borovínka]

190. Flores. Plantas

| flor (f) | цвете (c) | [tsvéte] |
| ramo (m) de flores | букет (м) | [bukét] |

rosa (f)	роза (ж)	[róza]
tulipa (f)	лале (c)	[lalé]
cravo (m)	карамфил (м)	[karamfíl]
gladíolo (m)	гладиола (ж)	[gladióla]

centáurea (f)	метличина (ж)	[metlitʃína]
campânula (f)	камбанка (ж)	[kambánka]
dente-de-leão (m)	глухарче (c)	[gluhártʃe]
camomila (f)	лайка (ж)	[lájka]

aloé (m)	алое (c)	[alóe]
cato (m)	кактус (м)	[káktus]
fícus (m)	фикус (м)	[fíkus]

lírio (m)	лилиум (м)	[lílium]
gerânio (m)	мушкато (c)	[muʃkáto]
jacinto (m)	зюмбюл (м)	[zʲúmbʲúl]

mimosa (f)	мимоза (ж)	[mimóza]
narciso (m)	нарцис (м)	[nartsís]
capuchinha (f)	латинка (ж)	[latínka]

orquídea (f)	орхидея (ж)	[orhidéja]
peónia (f)	божур (м)	[boʒúr]
violeta (f)	теменуга (ж)	[temenúga]

| amor-perfeito (m) | трицветна теменуга (ж) | [tritsvétna temenúga] |
| não-me-esqueças (m) | незабравка (ж) | [nezabráfka] |

margarida (f)	маргаритка (ж)	[margarítka]
papoula (f)	мак (м)	[mak]
cânhamo (m)	коноп (м)	[konóp]
hortelã (f)	мента (ж)	[ménta]

| lírio-do-vale (m) | момина сълза (ж) | [mómina səlzá] |
| campânula-branca (f) | кокиче (с) | [kokítʃe] |

urtiga (f)	коприва (ж)	[kopríva]
azeda (f)	киселец (м)	[kíselets]
nenúfar (m)	водна лилия (ж)	[vódna lílija]
feto (m), samambaia (f)	папрат (м)	[páprat]
líquen (m)	лишей (м)	[líʃej]

estufa (f)	оранжерия (ж)	[oranʒérija]
relvado (m)	тревна площ (ж)	[trévna ploʃt]
canteiro (m) de flores	цветна леха (ж)	[tsvétna lehá]

planta (f)	растение (с)	[rasténie]
erva (f)	трева (ж)	[trevá]
folha (f) de erva	тревичка (ж)	[trevítʃka]

folha (f)	лист (м)	[list]
pétala (f)	венчелистче (с)	[ventʃelísttʃe]
talo (m)	стъбло (с)	[stəbló]
tubérculo (m)	грудка (ж)	[grútka]

| broto, rebento (m) | кълн (м) | [kəln] |
| espinho (m) | бодил (м) | [bodíl] |

florescer (vi)	цъфтя	[tsəftiá]
murchar (vi)	увяхвам	[uviáhvam]
cheiro (m)	мирис (м)	[míris]
cortar (flores)	отрежа	[otréʒa]
colher (uma flor)	откъсна	[otkésna]

191. Cereais, grãos

grão (m)	зърно (с)	[zérno]
cereais (plantas)	житни култури (ж мн)	[ʒítni kultúri]
espiga (f)	клас (м)	[klas]

trigo (m)	пшеница (ж)	[pʃenítsa]
centeio (m)	ръж (ж)	[rəʒ]
aveia (f)	овес (м)	[ovés]
milho-miúdo (m)	просо (с)	[prosó]
cevada (f)	ечемик (м)	[etʃemík]

milho (m)	царевица (ж)	[tsárevitsa]
arroz (m)	ориз (м)	[oríz]
trigo-sarraceno (m)	елда (ж)	[élda]

| ervilha (f) | грах (м) | [grah] |
| feijão (m) | фасул (м) | [fasúl] |

soja (f)	соя (ж)	[sója]
lentilha (f)	леща (ж)	[léʃta]
fava (f)	боб (м)	[bop]

GEOGRAFIA REGIONAL

Países. Nacionalidades

192. Política. Governo. Parte 1

política (f)	политика (ж)	[politíka]
político	политически	[politíʧeski]
político (m)	политик (м)	[politík]
estado (m)	държава (ж)	[dərʒáva]
cidadão (m)	гражданин (м)	[gráʒdanin]
cidadania (f)	гражданство (с)	[gráʒdanstvo]
brasão (m) de armas	национален герб (м)	[natsionálen gerp]
hino (m) nacional	държавен химн (м)	[dərʒáven himn]
governo (m)	правителство (с)	[pravítelstvo]
Chefe (m) de Estado	държавен глава (м)	[dərʒáven glavá]
parlamento (m)	парламент (м)	[parlamént]
partido (m)	партия (ж)	[pártija]
capitalismo (m)	капитализъм (м)	[kapitalízəm]
capitalista	капиталистически	[kapitalistíʧeski]
socialismo (m)	социализъм (м)	[sotsialízəm]
socialista	социалистически	[sotsialistíʧeski]
comunismo (m)	комунизъм (м)	[komunízəm]
comunista	комунистически	[komunistíʧeski]
comunista (m)	комунист (м)	[komuníst]
democracia (f)	демокрация (ж)	[demokrátsija]
democrata (m)	демократ (м)	[demokrát]
democrático	демократически	[demokratíʧeski]
Partido (m) Democrático	демократическа партия (ж)	[demokratíʧeska pártija]
liberal (m)	либерал (м)	[liberál]
liberal	либерален	[liberálen]
conservador (m)	консерватор (м)	[konservátor]
conservador	консервативен	[konservatíven]
república (f)	република (ж)	[repúblika]
republicano (m)	републиканец (м)	[republikánets]
Partido (m) Republicano	републиканска партия (ж)	[republikánska pártija]
eleições (f pl)	избори (мн)	[ízbori]
eleger (vt)	избирам	[izbíram]

| eleitor (m) | избирател (м) | [izbirátel] |
| campanha (f) eleitoral | избирателна кампания (ж) | [izbirátelna kampánija] |

votação (f)	гласуване (с)	[glasúvane]
votar (vi)	гласувам	[glasúvam]
direito (m) de voto	право (с) на глас	[právo na glas]

candidato (m)	кандидат (м)	[kandidát]
candidatar-se (vi)	балотирам се	[balotíram se]
campanha (f)	кампания (ж)	[kampánija]

| da oposição | опозиционен | [opozitsiónen] |
| oposição (f) | опозиция (ж) | [opozítsija] |

visita (f)	визита (ж)	[vizíta]
visita (f) oficial	официална визита (ж)	[ofitsiálna vizíta]
internacional	международен	[meӡdunaróden]

| negociações (f pl) | преговори (мн) | [prégovori] |
| negociar (vi) | водя преговори | [vódʲa prégovori] |

193. Política. Governo. Parte 2

sociedade (f)	общество (с)	[obʃtestvó]
constituição (f)	конституция (ж)	[konstitútsija]
poder (ir para o ~)	власт (ж)	[vlast]
corrupção (f)	корупция (ж)	[korúptsija]

| lei (f) | закон (м) | [zakón] |
| legal | законен | [zakónen] |

| justiça (f) | справедливост (ж) | [spravedlívost] |
| justo | справедлив | [spravedlív] |

comité (m)	комитет (м)	[komitét]
projeto-lei (m)	законопроект (м)	[zakonoproékt]
orçamento (m)	бюджет (м)	[bʲudӡét]
política (f)	политика (ж)	[politíka]
reforma (f)	реформа (ж)	[refórma]
radical	радикален	[radikálen]

força (f)	сила (ж)	[síla]
poderoso	силен	[sílen]
partidário (m)	привърженик (м)	[privérӡenik]
influência (f)	влияние (с)	[vlijánie]

regime (m)	режим (м)	[reӡím]
conflito (m)	конфликт (м)	[konflíkt]
conspiração (f)	заговор (м)	[zágovor]
provocação (f)	провокация (ж)	[provokátsija]

derrubar (vt)	сваля	[svalʲá]
derrube (m), queda (f)	сваляне (с)	[sválʲane]
revolução (f)	революция (ж)	[revolʲútsija]

golpe (m) de Estado	преврат (м)	[prevrát]
golpe (m) militar	военен преврат (м)	[voénen prevrát]
crise (f)	криза (ж)	[kríza]
recessão (f) económica	икономически спад (м)	[ikonomítʃeski spat]
manifestante (m)	демонстрант (м)	[demonstránt]
manifestação (f)	демонстрация (ж)	[demonstrátsija]
lei (f) marcial	военно положение (с)	[voénno poloʒénie]
base (f) militar	база (ж)	[báza]
estabilidade (f)	стабилност (ж)	[stabílnost]
estável	стабилен	[stabílen]
exploração (f)	експлоатация (ж)	[eksploatátsija]
explorar (vt)	експлоатирам	[eksploatíram]
racismo (m)	расизъм (м)	[rasízəm]
racista (m)	расист (м)	[rasíst]
fascismo (m)	фашизъм (м)	[faʃízəm]
fascista (m)	фашист (м)	[faʃíst]

194. Países. Diversos

estrangeiro (m)	чужденец (м)	[tʃuʒdenéts]
estrangeiro	чуждестранен	[tʃuʒdestránen]
no estrangeiro	в чужбина	[v tʃuʒbína]
emigrante (m)	емигрант (м)	[emigránt]
emigração (f)	емиграция (ж)	[emigrátsija]
emigrar (vi)	емигрирам	[emigríram]
Ocidente (m)	Запад	[zápat]
Oriente (m)	Изток	[ístok]
Extremo Oriente (m)	Далечният Изток	[dalétʃnijat ístok]
civilização (f)	цивилизация (ж)	[tsivilizátsija]
humanidade (f)	човечество (с)	[tʃovétʃestvo]
mundo (m)	свят (м)	[svʲat]
paz (f)	мир (м)	[mir]
mundial	световен	[svetóven]
pátria (f)	родина (ж)	[rodína]
povo (m)	народ (м)	[narót]
população (f)	население (с)	[naselénie]
gente (f)	хора (мн)	[hóra]
nação (f)	нация (ж)	[nátsija]
geração (f)	поколение (с)	[pokolénie]
território (m)	територия (ж)	[teritórija]
região (f)	регион (м)	[región]
estado (m)	щат (м)	[ʃtat]
tradição (f)	традиция (ж)	[tradítsija]
costume (m)	обичай (м)	[obitʃáj]

179

ecologia (f)	екология (ж)	[ekológija]
índio (m)	индианец (м)	[indiánets]
cigano (m)	циганин (м)	[tsíganin]
cigana (f)	циганка (ж)	[tsíganka]
cigano	цигански	[tsíganski]
império (m)	империя (ж)	[impérija]
colónia (f)	колония (ж)	[kolónija]
escravidão (f)	робство (с)	[rópstvo]
invasão (f)	нашествие (с)	[naʃéstvie]
fome (f)	глад (м)	[glat]

195. Grupos religiosos mais importantes. Confissões

religião (f)	религия (ж)	[relígija]
religioso	религиозен	[religiózen]
crença (f)	вяра (ж)	[vʲára]
crer (vt)	вярвам	[vʲárvam]
crente (m)	вярващ (м)	[vʲárvaʃt]
ateísmo (m)	атеизъм (м)	[ateízəm]
ateu (m)	атеист (м)	[ateíst]
cristianismo (m)	християнство (с)	[hristijánstvo]
cristão (m)	християнин (м)	[hristijánin]
cristão	християнски	[hristijánski]
catolicismo (m)	Католицизъм (м)	[katolitsízəm]
católico (m)	католик (м)	[katolík]
católico	католически	[katolítʃeski]
protestantismo (m)	протестантство (с)	[protestántstvo]
Igreja (f) Protestante	протестантска църква (ж)	[protestántska tsérkva]
protestante (m)	протестант (м)	[protestánt]
ortodoxia (f)	Православие (с)	[pravoslávie]
Igreja (f) Ortodoxa	Православна църква (ж)	[pravoslávna tsérkva]
ortodoxo (m)	православен	[pravosláven]
presbiterianismo (m)	Презвитерианство (с)	[prezviteriánstvo]
Igreja (f) Presbiteriana	Презвитерианска църква (ж)	[prezviteriánska tsérkva]
presbiteriano (m)	презвитерианец (м)	[prezviteriánets]
Igreja (f) Luterana	Лютеранска църква (ж)	[lʲuteránska tsérkva]
luterano (m)	лютеран (м)	[lʲuterán]
Igreja (f) Batista	Баптизъм (м)	[baptízəm]
batista (m)	баптист (м)	[baptíst]
Igreja (f) Anglicana	Англиканска църква (ж)	[anglikánska tsérkva]
anglicano (m)	англиканец (м)	[anglikánets]
mormonismo (m)	мормонство (с)	[mormónstvo]

mórmon (m)	мормон (м)	[mormón]
Judaísmo (m)	Юдаизъм (м)	[judaízəm]
judeu (m)	юдей (м)	[judéj]

| budismo (m) | Будизъм (м) | [budízəm] |
| budista (m) | будист (м) | [budíst] |

| hinduísmo (m) | Индуизъм (м) | [induízəm] |
| hindu (m) | индус (м) | [indús] |

Islão (m)	Ислям (м)	[islʲám]
muçulmano (m)	мюсюлманин (м)	[mʲusʲulmánin]
muçulmano	мюсюлмански	[mʲusʲulmánski]

| Xiismo (m) | шиизъм (м) | [ʃiízəm] |
| xiita (m) | шиит (м) | [ʃiít] |

| sunismo (m) | сунизъм (м) | [sunízəm] |
| sunita (m) | сунит (м) | [sunít] |

196. Religiões. Padres

| padre (m) | свещеник (м) | [sveʃténik] |
| Papa (m) | Папа Римски (м) | [pápa rímski] |

monge (m)	монах (м)	[monáh]
freira (f)	монахиня (ж)	[monahínʲa]
pastor (m)	пастор (м)	[pástor]

abade (m)	абат (м)	[abát]
vigário (m)	викарий (м)	[vikárij]
bispo (m)	епископ (м)	[episkóp]
cardeal (m)	кардинал (м)	[kardinál]

pregador (m)	проповедник (м)	[propovédnik]
sermão (m)	проповед (м)	[própovet]
paroquianos (pl)	енориаши (мн)	[enoriáʃi]

| crente (m) | вярващ (м) | [vʲárvaʃt] |
| ateu (m) | атеист (м) | [ateíst] |

197. Fé. Cristianismo. Islão

| Adão | Адам | [adám] |
| Eva | Ева | [éva] |

Deus (m)	Бог	[bok]
Senhor (m)	Господ	[góspot]
Todo Poderoso (m)	Всемогъщ	[fsemogéʃt]

| pecado (m) | грях (м) | [grʲah] |
| pecar (vi) | греша | [greʃá] |

| pecador (m) | грешник (м) | [gréʃnik] |
| pecadora (f) | грешница (ж) | [gréʃnitsa] |

| inferno (m) | ад (м) | [at] |
| paraíso (m) | рай (м) | [raj] |

| Jesus | Исус | [isús] |
| Jesus Cristo | Исус Христос | [isús hristós] |

Espírito (m) Santo	Светия Дух	[svetíja duh]
Salvador (m)	Спасител	[spasítel]
Virgem Maria (f)	Богородица	[bogoróditsa]

Diabo (m)	Дявол	[dʲávol]
diabólico	дяволски	[dʲávolski]
Satanás (m)	Сатана	[sataná]
satânico	сатанински	[satanínski]

anjo (m)	ангел (м)	[ángel]
anjo (m) da guarda	ангел-пазител (м)	[ángel-pazítel]
angélico	ангелски	[áŋɡelskl]

apóstolo (m)	апостол (м)	[apóstol]
arcanjo (m)	архангел (м)	[arhángel]
anticristo (m)	антихрист (м)	[antíhrist]

Igreja (f)	Църква (ж)	[tsǝ́rkva]
Bíblia (f)	библия (ж)	[bíblija]
bíblico	библейски	[bibléjski]

Velho Testamento (m)	Стария Завет (м)	[stárija zavét]
Novo Testamento (m)	Новия Завет (м)	[nóvija zavét]
Evangelho (m)	Евангелие (c)	[evángelie]
Sagradas Escrituras (f pl)	Свещено Писание (c)	[sveʃténo pisánie]
Céu (m)	Небе (c)	[nebé]

mandamento (m)	заповед (ж)	[zápovet]
profeta (m)	пророк (м)	[prorók]
profecia (f)	пророчество (c)	[prorótʃestvo]

Alá	Алах	[aláh]
Maomé	Мохамед	[mohamét]
Corão, Alcorão (m)	Коран	[korán]

mesquita (f)	джамия (ж)	[dʒamíja]
mulá (m)	молла (м)	[mollá]
oração (f)	молитва (ж)	[molítva]
rezar, orar (vi)	моля се	[mólʲa se]

peregrinação (f)	поклонничество (c)	[poklónnitʃestvo]
peregrino (m)	поклонник (м)	[poklónnik]
Meca (f)	Мека	[méka]

igreja (f)	църква (ж)	[tsǝ́rkva]
templo (m)	храм (м)	[hram]
catedral (f)	катедрала (ж)	[katedrála]

gótico	готически	[gotítʃeski]
sinagoga (f)	синагога (ж)	[sinagóga]
mesquita (f)	джамия (ж)	[dʒamíja]

capela (f)	параклис (м)	[paráklis]
abadia (f)	абатство (с)	[abátstvo]
convento (m)	манастир (м)	[manastír]
mosteiro (m)	манастир (м)	[manastír]

sino (m)	камбана (ж)	[kambána]
campanário (m)	камбанария (ж)	[kambanaríja]
repicar (vi)	бия	[bíja]

cruz (f)	кръст (м)	[krəst]
cúpula (f)	купол (м)	[kúpol]
ícone (m)	икона (ж)	[ikóna]

alma (f)	душа (ж)	[duʃá]
destino (m)	съдба (ж)	[sədbá]
mal (m)	зло (с)	[zlo]
bem (m)	добро (с)	[dobró]

vampiro (m)	вампир (м)	[vampír]
bruxa (f)	вещица (ж)	[véʃtitsa]
demónio (m)	демон (м)	[démon]
espírito (m)	дух (м)	[duh]

| redenção (f) | изкупление (с) | [iskuplénie] |
| redimir (vt) | изкупя | [iskúpʲa] |

missa (f)	служба (ж)	[slúʒba]
celebrar a missa	служа	[slúʒa]
confissão (f)	изповед (ж)	[íspovet]
confessar-se (vr)	изповядвам се	[ispovʲádvam se]

santo (m)	светец (м)	[svetéts]
sagrado	свещен	[sveʃtén]
água (f) benta	света вода (ж)	[svetá vodá]

ritual (m)	ритуал (м)	[rituál]
ritual	ритуален	[rituálen]
sacrifício (m)	жертвоприношение (с)	[ʒertvoprinoʃénie]

superstição (f)	суеверие (с)	[suevérie]
supersticioso	суеверен	[suevéren]
vida (f) depois da morte	задгробен живот (м)	[zadgróben ʒivót]
vida (f) eterna	вечен живот (м)	[vétʃen ʒivót]

TEMAS DIVERSOS

198. Várias palavras úteis

Português	Búlgaro	Transcrição
ajuda (f)	помощ (ж)	[pómoʃt]
barreira (f)	преграда (ж)	[pregráda]
base (f)	база (ж)	[báza]
categoria (f)	категория (ж)	[kategórija]
causa (f)	причина (ж)	[pritʃína]
coincidência (f)	съвпадение (c)	[səfpadénie]
coisa (f)	вещ (ж)	[veʃt]
começo (m)	начало (c)	[natʃálo]
cómodo (ex. poltrona ~a)	удобен	[udóben]
comparação (f)	сравнение (c)	[sravnénie]
compensação (f)	компенсация (ж)	[kompensátsija]
crescimento (m)	ръст (м)	[rəst]
desenvolvimento (m)	развитие (c)	[razvítie]
diferença (f)	различие (c)	[razlítʃie]
efeito (m)	ефект (м)	[efékt]
elemento (m)	елемент (м)	[elemént]
equilíbrio (m)	баланс (м)	[baláns]
erro (m)	грешка (ж)	[gréʃka]
esforço (m)	усилие (c)	[usílie]
estilo (m)	стил (м)	[stil]
exemplo (m)	пример (м)	[prímer]
facto (m)	факт (м)	[fakt]
fim (m)	край (м)	[kraj]
forma (f)	форма (ж)	[fórma]
frequente	чест	[tʃest]
fundo (ex. ~ verde)	фон (м)	[fon]
género (tipo)	вид (м)	[vit]
grau (m)	степен (ж)	[stépen]
ideal (m)	идеал (м)	[ideál]
labirinto (m)	лабиринт (м)	[labirínt]
modo (m)	начин (м)	[nátʃin]
momento (m)	момент (м)	[momént]
objeto (m)	обект (м)	[obékt]
obstáculo (m)	пречка (ж)	[prétʃka]
original (m)	оригинал (м)	[originál]
padrão	стандартен	[standárten]
padrão (m)	стандарт (м)	[standárt]
paragem (pausa)	почивка (ж)	[potʃífka]
parte (f)	част (ж)	[tʃast]

partícula (f)	частица (ж)	[ʧastítsa]
pausa (f)	пауза (ж)	[páuza]
posição (f)	позиция (ж)	[pozítsija]
princípio (m)	принцип (м)	[príntsip]
problema (m)	проблем (м)	[problém]
processo (m)	процес (м)	[protsés]
progresso (m)	прогрес (м)	[progrés]
propriedade (f)	свойство (с)	[svójstvo]
reação (f)	реакция (ж)	[reáktsija]
risco (m)	риск (м)	[risk]
ritmo (m)	темпо (с)	[témpo]
segredo (m)	тайна (ж)	[tájna]
série (f)	серия (ж)	[sérija]
sistema (m)	система (ж)	[sistéma]
situação (f)	ситуация (ж)	[situátsija]
solução (f)	решение (с)	[reʃénie]
tabela (f)	таблица (ж)	[táblitsa]
termo (ex. ~ técnico)	термин (м)	[términ]
tipo (m)	тип (м)	[tip]
urgente	срочен	[sróʧen]
urgentemente	срочно	[sróʧno]
utilidade (f)	полза (ж)	[pólza]
variante (f)	вариант (м)	[variánt]
variedade (f)	избор (м)	[ízbor]
verdade (f)	истина (ж)	[ístina]
vez (f)	ред (м)	[ret]
zona (f)	зона (ж)	[zóna]